DEEPER THINKING

深度思考的技術

最受歡迎的百萬思考課，
養成不被時代淘汰的 5 大思考力！

《深度學習的技術》作者

楊大輝 —— 著

── 前言 ──

以「正確的姿勢」鍛鍊思考

人的願望，總會變成一道道「該如何獲得○○」的問題，而為問題劃下句號的過程，就叫做「思考」。

思考的重要性不言而喻，但學校卻沒有教。這倒不是因為大家不認同思考的重要性，而是因為思考這件事情每個人天生就會。

但正如跑步這項運動一樣，「能夠跑步」和「擅於跑步」是兩種概念，專業選手和一般人有著很大的差距。

同理，雖然思考是人人天生就會用的本能，但能夠思考和擅於思考的人之間，也有很大的差距。

是什麼原因導致了這個差距呢？關鍵就在於，我們是否能以「正確的姿勢」鍛鍊思考。

增進思考之路

　　以跑步爲例，如果你打從一開始姿勢就錯了，那麼無論擁有多好的體質、多大的努力，都會很大程度被白費掉。

　　而如果跑步姿勢正確，那麼不但能跑得輕鬆、跑得快、跑得遠，還不容易受傷。所以教練做的第一件事情，就是改善你的跑步姿勢，並提供你一套訓練的方案，讓選手得以朝向更好的結果鍛煉精進。

　　思考也是一樣的。錯誤的思考方式，會把你帶到名爲平庸的死胡同，在這個死胡同裡，無論你有多大的潛質和努力，都會被白費掉。

　　反之，思考的姿勢正確，那麼以前想不通的會想得通，以前解決不了的問題，會更容易被解決，以前無法完成的目標，會出現曙光。

　　所以這本書要教你的第一件事情，就是正確思考的「姿勢」，再提供你鍛煉思考的方法，把增進思考之路完全的呈現在你的眼前，讓每個人都能學會思考——這是我寫作多年的目標，也是我撰寫本書的起因。

── 1-1 ──

爲何多數思考
在開始前就已結束

先問你兩個問題：第一個問題，也是本章節的主題：**什麼樣的思考，才算是獨立思考？**

可能有人會說，靠自己去思考問題、靠自己得出結論，就已經是獨立思考。但我覺得這個定義不對。

想像一下，有位中學生在考卷上作答，他面對問題時，也是得靠自己去思考問題、得出結論。那這是否代表每位中學生，甚至是小學生，都已經掌握了獨立思考呢？當然不是。

那麼，獨立思考到底是什麼呢？我要問你的第二個問題是：**爲什麼要獨立思考？**

如果這個中學生，能在考卷上憑藉記憶寫下正確答案，那他爲什麼還要獨立思考？如果你在工作上已經駕輕就熟，能不花費心思就完成工作，那你爲什麼還要獨立思考呢？

其實，這兩個問題的答案，都藏在這個理論裡：雙重歷程推理。

人類思考的兩個系統

雙重歷程推理（Dual-process accounts of reasoning）一開始是由心理學家史坦諾維奇（Keith E. Stanovich）[1] 提出，後來被諾貝爾經濟學獎得主丹尼爾 · 康納曼（Daniel Kahneman）在《快思慢想》這本書裡發揚光大。[2] 簡單來說，這個理論講的是人類的思考方式，可以粗略被劃分成兩種，一個叫系統一，一個叫系統二。

系統一可以被理解為**直覺思考**——也就是當你遇到任何東西或問題時，你快速產生的第一個想法、第一個反應。

而系統二和系統一相反，系統二可以說是比較刻意的思考，或是有意識的思考，這種思考速度比較慢。比如說，當你在工作上遇到了一個問題，想到了第一個結論之後，你對這個結論感到不滿意，覺得應該有更好的答案。所以你開始花時間找資料，搜索其他的可能性，這時候的思考就是**刻意思考**。

---

1 Stanovich, K. E., & West, R. F. (2000). Individual differences in reasoning: Implications for the rationality debate? Behavioral and Brain Sciences, 23(5), 645-665. https://doi.org/10.1017/s0140525x00003435

2 丹尼爾·康納曼：《快思慢想》（天下文化，2012）。

直覺思考如何運作？

一般來說，系統一的直覺思考會在一兩秒之內得出結論，甚至更快；而系統二的刻意思考可以持續很久，幾秒鐘、幾分鐘，甚至可能維持一兩個小時。我們不妨來看一些例子：

$1 + 1 =$

我猜，當你看到這道數學題的時候，你的腦海裡會直接蹦出 2 這個答案。你甚至無法讓答案不要出現，這就是系統一的直覺效果。

$14 \times 86 = ?$

但如果你看到的是這道數學題，肯定就不會出現剛才那種直覺了。你要得到答案，就需要動用腦力，刻意進行一些心算，才能得出這個問題的答案。這時你進入的，就是系統二的刻意思考。

我們再看一個例子，如**圖 1-1**。

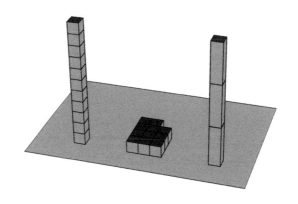

圖 1-1：三堆積木。

在看這張圖片的時候，你首先會察覺到左邊和右邊的積木一樣高，另外，積木的上方都比較黑。因此你可能會迅速推斷，這些積木可能存在某種關聯。這些都是直覺，是系統一的作用，系統一會快速爲你在圖片中找到意義。

但如果我告訴你，左邊那堆積木的數量，和中間那堆的積木數量是一樣的，你就可能會感到不太確定。當我們不太確定一件事情的時候，就會用系統二去確認，也就是需要我們很慢地、一個一個地去數。

有發現到系統一和系統二的差別嗎？

在我剛才展示這張圖片時，你的系統一會自動自發、很快速地給出反應，你的直覺會立刻告訴你一些資訊。但系統二是

很慢的，我們需要一個個清點，才能確認這兩堆的積木數量一樣。

那麼，我們在日常生活中會比較常用到系統一，還是系統二呢？

答案是系統一。舉個例子，在我們看到一個人的表情時，會如何判斷他的情緒呢？（**圖 1-2**）。

圖 1-2：你覺得這個人是什麼表情呢？

我們不會用系統二慢慢分析他的表情，不會分析他的眉毛是不是往下、測量他的嘴角向下多少度。因為只要一看到他的表情，系統一就會立刻告訴我們：這個人並不開心。

但「不開心」是一個籠統的形容詞，具體指的到底是什麼情緒呢？是生氣、不滿，還是不耐煩呢？不妨想想你的答案是什麼。

在我過往的培訓課程裡，我也問過這個問題。有些學員會回答說他在生氣，有些說是因為陽光刺眼，有些說是不耐煩，大家給出的答案並不一致。

而無論你給出的答案是什麼，我可以肯定，你的答案都來自直覺，對吧？那我們的直覺（系統一），到底是憑什麼給出那樣的結論呢？答案是：**經驗**。

直覺的憑據

我們的直覺並非無中生有，它之所以能做出推論，正是憑藉過去的經驗告訴我們，展露出這種表情的人，很可能是在經歷什麼樣的情緒。正因為你有經驗，所以當你看到 1+1 等於幾時，不用計算就知道答案是 2。

正因為有經驗，當你起床準備上班、開車去公司、和朋友聊天、上網、滑手機、看電影……做一些習以為常的事情時，

靠的都是系統一的反應，而完全不需要動用系統二。甚至有時候一整天下來，我們都沒有機會用到系統二。

那如果你面對的是一件難度更高、需要動用很多技巧的事情，你會需要用到系統二嗎？

答案是不用。如果你已經擁有大量經驗，對這件事情非常熟悉，那麼你還是不會用到系統二。假設你是個籃球高手，那麼一切跑位、搶球、投球的動作，就都會是你的瞬間反應。你不會停下來用系統二去計算自己該怎麼跑位、搶球、投球。

相同道理，即使你在公司裡做的工作相對困難，但如果你已經相當熟悉，那你也都只會用到系統一來操作。有一個真實故事是這樣的：

有戶住家的廚房發生火災，消防員抵達後便進入房屋滅火。他們很快就將廚房的火勢撲滅，此時消防隊長卻忽然大喊「馬上撤退！」據說當時連消防隊長自己，也不知道為什麼自己會這樣說，但當消防隊一離開，地板就整個垮了。

消防隊長事後回想，才想起是因為這場火災比一般的火災安靜，沒有劇烈燃燒的巨大聲響，但他的耳朵又感覺到比平常時候更熱。這激發了他的系統一，告訴他有事情不對勁。雖然他當下說不出哪裡不對勁，但他就是知道怪怪的。後來發現原來火源並不在廚房，而是在地下室，所以當時消防隊員們站著的地方很危險。

　　這有點像我們經常說的第六感——你不知道爲什麼，但就是有一種感覺告訴你要這樣做。這個第六感並不是什麼神秘魔法，它就是系統一的作用，而系統一的反應，就是來自我們過去的經驗。

　　那麼問題來了：爲什麼其他的消防員沒有產生這樣的直覺，只有消防隊長有呢？合理的解釋是，消防隊長有更豐富的經驗，他對火場太熟悉了，甚至可能曾經歷過類似的情況，所以他才會產生該撤退的直覺，而非其他人。

　　那麼，系統一的直覺，是完全由後天經驗所決定的嗎？其實也不是。系統一的根據除了來自經驗，也有許多是來自我們的基因，出自於先天的本能。

　　例如，當你看到**圖 1-3** 的時候，是不是會覺得左邊的黑色圓圈比右邊的更大呢？

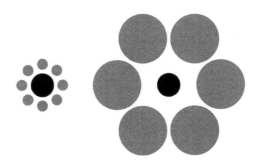

圖 1-3：哪個黑色圓圈比較大呢？

這其實是系統一帶來的相對性錯覺。當你把黑圓圈和灰圓圈放在一起，系統一就會自動將兩者做比較，讓某個黑圓圈顯得更大。如果你拿掉灰色圓圈，就會發現兩個黑色圓圈其實一樣大。這就是一種來自系統一，也就是來自我們本能的錯覺。

你的思考，不是你的思考

先稍微總結一下：我們聊到了系統一的反應是快速、自動化的，但它並非無中生有。直覺的背後有其根據，可能出自我們先天的本能，或是來自我們後天的經驗。但在具體生活中，系統一的反應到底是出自前者還是後者，其實很難區分清楚。

再舉個例子。當我們看到粉紅色跟藍色的衣服時，第一反應會認為粉紅色是給女生穿的，藍色是給男生穿的。現在我們知道，這是系統一的反應。但問題是，這是出自先天反應，還是出自後天獲得的呢？

我曾在培訓課程裡問過學員這個問題，大多數人都覺得是先天的，但其實這個感受，是來自後天影響。

在大約一九一八年以前，大部分人都認為，粉紅色是給男生穿的，而藍色是給女生穿的。因為粉紅色是一種更果斷、更強烈的色彩，所以更適合男生；而藍色則讓人感覺更加細膩纖巧，因此適合女生。

後來基於某些原因，可能是某位設計師大膽的將兩種顏色調換，也可能是成衣廠商的宣傳效果，女生才開始穿起粉紅色，男生穿起了藍色。總之，在一九四〇年左右，人們對這兩種顏色的印象完全逆轉，因此大家現在才會有「藍色是給男生的，粉紅色是給女生的」的反應。**3**

這其實是一件細思極恐的事情。你可以想想，在我們的認知裡，那些看起來非常理所當然的東西，有多少是被後天的社會輿論影響，有多少是被其他人灌輸的觀念影響的呢？

你之所以會像現在這樣思考，有很大程度都是來自環境的潛移默化。你的觀念到底有多少是好的、有多少對你不利，你都無從得知。因為這些觀念並非是你自己選擇擁有，而是被社會環境灌輸——你甚至不知道這些觀念是何時形成的。

前面提到，在我們的日常生活中，大多數時間都只有系統一在運作。有些人會因為受環境影響，而獲得錯誤的觀念。例如，某個人可能會認定自己不可能成為領導者，就因為他曾在小學課外活動當隊長時失敗過、被別人否定過，他就覺得自己天生不是當領導者的料。

---

3 參考：The complicated gender history of pink(https://edition.cnn.com/2018/01/12/health/colorscope-pink-boy-girl-gender/index.html)

一旦這個經驗變成了他系統一的直覺反應，他就會持續把這個錯誤觀念當作是正確、理所當然的。當他以後遇到任何展現領導力的機會，他都會自然而然地逃避。

注意：他並無法意識到自己的觀念是錯誤的，正如我們看待粉紅色的感覺一樣——我們無法意識到這個顏色曾經擁有不同含義，我們以為這個世界本因如此。

換句話說，**經驗會帶來正確的認知，也會帶來不正確的認知**。而這些認知，通常都會透過系統一在第一時間反應出來。絕大多數時候，我們並不會去思考這些認知有沒有問題，就好像大多數人從來不曾想過，為什麼我們會下意識認為「粉紅色是給女生的」。

偏見，就是不經審查的直覺

現在，我們再來看另外一個例子，請在心中默讀這個句子：

好奇的小明抬頭望向窗外，竟然發現窗外有隻色彩鮮豔的小鳥。在這一刻，小明感到非常地放鬆。

讀這個句子的同時，你是否自然想像出了畫面呢？我猜，你想像中的那個小明，是一個小男孩。但其實句子裡並沒有說到小明是個男孩，小明甚至有可能是個老婆婆。但是你的系統一會對「小明」產生性別和年齡偏見，讓你根據過去的經驗假設他是個小男孩，直覺性地想像出一個小男孩——這一切是那麼理所當然。

而如果我們停下來，用系統二去仔細確認這個句子的意思，一個詞一個詞去確認，我們首先就會發現：句子裡壓根沒提到小明的性別和年齡。這時我們才會察覺到自己掌握的資訊太少，對小明的了解也太少，我們根本無從判斷他的個人資訊。

我們只知道他叫做小明，正在看向窗外，可能喜歡小鳥。其他的結論，都只是系統一的偏見，我們甚至不知道他是從建築物裡還是從車裡看向窗外。

我生活在馬來西亞，曾經遇到一些有種族偏見的華人，會對馬來人有很大的偏見。他們會告訴你馬來人都比較懶惰，比較沒有上進心。而當我問他們認識多少個馬來朋友時，他們多半是一個馬來人朋友都沒有。他們不曾與任何馬來人深交，卻敢斷言別人比較懶惰。

同樣的，很多人在看到一個剛踏入職場的新人時，會認定他是草莓族，是那種承受不了壓力的人。而如果你不了解他，

但又覺得他是草莓族，那麼這就是偏見。就算他事實上的確是草莓族，就算你的偏見後來被證明是正確的，但你一開始產生的那個反應，依然是偏見。

要知道，偏見會妨礙獨立思考。當你認定了這個人是草莓族後，你可能就會走到哪裡都看他不順眼，然後就懶得進一步了解這個人。這會造成你認識這個人的過程裡，只存在偏見和猜測，而沒有真正的理解和思考。

有些偏見則是針對自己的。比如說，當你在工作上遇到一個你沒遇過的問題時，如果你的系統一無法給出答案，你就會習慣性地說這個東西我不懂、我不會，然後乾脆就不多想，直接把問題丟給別人。這是一種覺得自己「辦不到」的偏見，會讓一個人變得懶得思考。

還有些偏見不是針對人、不是針對自己，而是針對工作。你在公司可能已對某項工作駕輕就熟，但你之所以可以熟練地完成它，是因為你重複了舊有的方法，你的系統一會認為「這項任務就該這樣完成」，而不可能換另一種方式完成，這也算是一種「偏見」。

舊有的方法真的已經是最好的方法了嗎？你現在所熟悉的一切流程，真的已經是最好的流程了嗎？為什麼一定要這樣做事，而不是那樣做事呢？

系統一不會告訴你這些，它只會帶領你自然而然地，用過去那個「可以過關」的方式把工作完成。

那麼問題來了，怎樣才能修正系統一的偏見呢？

答案就是：使用系統二。你需要刻意分析你做出的第一個直覺反應，讓系統二找到諸多疑點，然後你就會去尋找更多的資訊。

刻意思考：從系統一到系統二

事實上，系統二的存在就是為了補救系統一的漏洞。如果一個人在日常生活中需要動用到系統二，那通常會發生在他的系統一失靈的時候。

比如說，當我們看到 1+1，系統一就會立刻跳出來說答案是 2。但如果我們看到的數學題比較複雜（像剛才的 14×86），記憶裡沒有這道數學題的答案，當系統一無法反應，這時系統二才會出場，透過仔細計算來求出解答。

所以當你覺得新來的同事是草莓族，你必須意識到這是系統一的第一層反應，這樣你才能對這個偏見進行分析。你要想，我為什麼會覺得這個人是草莓族？事實上他的表現到底怎樣？

　　一旦你開始了系統二的刻意思考，你就有機會補救到系統一的缺陷，消除系統一的偏見和伴隨而來的大量盲點，並帶來更好的結論。關於這一點，我們在下一個章節會有更詳細的解說。

重點整理

從雙重歷程推理的運作方式，我們得知人的思考方式可以分成兩種：①迅速且高效的系統一（直覺），②緩慢但謹慎的系統二（有意識的仔細思考）。

1. 系統一所產生的直覺，並不是無中生有、毫無根據的，它的判斷根據往往就來自你的先天本能和後天經驗。你是怎樣的人、被環境灌輸過怎樣的觀念，決定了你會有怎樣的直覺，決定了你會覺得什麼樣的東西是理所當然的。

2. 系統一的強大，能夠讓你熟練地完成大多數事情，涵蓋日常生活的小事，到高難度的工作。但它最大的優點，也同時是它最大的弱點：由於系統一太過迅速，而且無所不在，導致很多事情我們還沒來得及開始思考，思考就已經結束了。

3. 有太多的事情，系統一都會直接給你一個答案、一個偏見，或者一個很久以前就有的信念，然後結束思考，因此你根本沒有機會進一步尋找更好的答案──這會嚴重阻礙一個人的思維和思想發展。

因此，如果你想要提升自己的思考能力，想要學會如何獨立思考，那麼最關鍵的第一步，就是不要讓思考在開始之前，就已經結束。

—— 1-2 ——

獨立思考，
是為了自主命運

上一個章節，我們談到了雙重歷程推理，然後探討了系統一，也就是直覺思考的特點。而在這裡，我們會先聊聊系統二的特點，然後再推導出獨立思考的真正定義。

在上一個章節提到：在我們面對任何問題時，系統一都會根據過去的經驗或本能給出答案。那這對我們來說意味著什麼呢？

這其實代表，系統一是以「過去」這個框架做出反應。系統一是過去導向，是用舊有的方式，複製舊有的結果。如果你只用系統一，那就會像是英文說的「Think inside the box」，只使用過去的框架看待問題。

那如果想要「Think outside the box」，跳出過去的框架、有所突破的時候，我們該怎麼辦？沒錯，我們就只能用系統二去尋找新的框架，仔細研究一下有什麼新的角度可以解決問題。

跳脫固有的思考框架

我們還是用回 1+1 這個直白例子，當我們看到 1+1=？的時候，系統一會給出答案 2。但如果我們用系統二去尋找別的答案的話呢？ 1+1 這個問題能不能產生別的答案？當然能。

如果我們不要把 1+1 看作單純的數學題，我們把它想像成現實世界裡的現象。比如說，一對男女結了婚，這是不是 1+1 ？是。但結婚可能不單純是 1+1=2，而是 1+1=3，因為他們或許會有孩子。如果 1+1 指的是一堆沙加一堆沙，那答案還是等於一堆沙；如果用腦筋急轉彎的方式將筆畫重組，1+1=？的答案還可能會是一個「田」字。

如果只是用系統一來看待這個問題，我們永遠只會得到 1+1=2 的答案，永遠只會按照既有方式去思考，而這有時候會讓我們錯失機會。有個故事是這樣的：

某一天接近凌晨時分，小明家的門鈴突然響起。小明前去應門，發現是他的有錢鄰居找他。原來，這個有錢人正在和朋友玩尋寶遊戲，而他的獲勝條件，是找到一塊長 2 公尺、寬 1 公尺的木板。他表示，如果小明願意幫他找到這樣一塊木板，他願意支付小明一個比特幣。

小明相信他這個有錢鄰居能兌現承諾，但問題是，他家裡哪來這樣的木板呢？這個時間點商店都已打烊，小明實在想不

到哪裡可以找到這樣一塊木板，最後只得放棄這個機會。

第二天，小明出門拜訪朋友，他家附近正好有人在裝修。他的視線不經意掃過一塊木板，那是一塊還沒被裝上去的門板，尺寸恰恰符合昨天有錢人的要求。這時小明才意識到，自己昨晚其實可以拆下家裡的門板，這樣就能換到一個比特幣。

好了，故事說完。其實在這個故事裡，小明也沒做錯什麼，因為當他聽到對方要一塊大木板，他便自然而然地憑藉記憶給出答案：我家裡沒有這樣的木板。就好像我們看到 1+1，會自然的想到答案是 2。

小明並不能算是答錯，但他如果能切換成系統二思考，換個角度想：我的家裡有什麼是用木板做成的？他可能就會想到家中的門板，成功換取比特幣。

之所以告訴你這個故事，是想說明系統一和系統二的關鍵差別，在於系統一是「過去導向」，是用舊有的框架看問題，所以小明想不到自己的家裡有木板的可能性。系統二則是「未來導向」，是透過探索新框架來看問題，看見原本看不見的可能性。

換句話說，當我們在系統一的直覺之外，進行第二層思考，我們會更容易看到新的可能性。

不知道你有沒有發現，在職場上，同一個部門、同一個辦公室裡，員工接到的任務很多是大同小異的。大多數人只會重

複性、機械性地完成任務，但有一小部分的人，卻會在同樣的任務上玩出新花樣，做出讓人眼前一亮的成果。

用本章的語言來說，這兩種人的差別，就是前一種人只會以系統一看問題，而後一種人會跳脫出來，透過系統二來探索新的可能性、尋找更佳的結論。

這裡先預告一下，關於如何應用系統二探索新的可能性，以及如何增加系統二的思考角度以減少盲點，這些我們會在後面的章節陸續談到。現在，你只需要記住這點：系統二能讓思考變得更靈活多面，能讓我們發現系統一看不見的可能性。

第一層反應，第二層思考

理解了系統二的性質，加上前一個章節談過的系統一，我們現在終於可以回答本章節一開始的問題了：**什麼是獨立思考？**

談到獨立思考，我們首先會想到，獨立思考是靠自己獲得結論的能力，面對問題時，能自己去找出答案的能力。

其次，我們會想到，獨立思考就是不盲目相信別人，對別人的言論有免疫力。面對問題時，能靠自己得出答案和結論，不盲目相信他人的言論，也不輕易被他人的觀點影響。

這兩點看起來是在講同一件事情，但其實不是。

　　想像一下，你走進服飾店想要買衣服送給你的父母，你轉了兩圈，最後選了兩件衣服。在過程裡面，沒有任何人給你建議，所以你算是符合了第一點：在面對問題時，靠自己得出答案和結論，對嗎？

　　但你在選衣服的時候，很自然的選了藍色的衣服給爸爸，買了粉紅色的衣服給媽媽，那麼在這項決定裡面，你覺得你符合第二點嗎？

　　不符合，因為你知道你被某個社會灌輸的信念影響了——而這正是獨立思考的真正難度。獨立思考不是難在靠自己做出選擇，而是你不懂你的選擇被什麼東西影響著。

　　那怎樣才能同時做到獨立思考的這兩點呢？一句話：**在第一層反應之外，進行第二層思考。**

　　請注意這一句話的用詞，「獨立思考」並不等於「用系統二思考」。不是單純的使用系統二，而是針對系統一給出的直覺，進行反思。不僅僅是切換為系統二，而是從直覺跳出來，刻意換另一個角度進行思考。

　　如果只是從系統一切換成系統二，這每個人天生就會，但那樣的思考並沒有擺脫慣性思維。例如 14×86 這個問題，你可以切換到系統二去思考，但這並不叫獨立思考。因為你的直覺告訴你這是道數學題，而你不經反思就接受了這點，系統二依然遵循著「這是數學題」的思路。

　　講回剛才的例子，當你挑選衣服的時候，直覺反應告訴

你藍色適合爸爸，粉紅色適合媽媽，於是你沒再多想就下了決定。在日常生活中，這樣的情況會不斷發生。但如果在第一層反應蹦出來時，我們能不急著下決策，而是先反思我們的第一反應，問問自己它帶來的結論真的 OK 嗎？讓爸爸穿粉紅色會不會更好？這時，你就符合了獨立思考的兩個條件：第一，你靠自己獨立提出答案；第二，你沒有盲目相信他人的言論。

那如果在你反思過後，還是覺得應該要買藍色給爸爸、買粉紅色給媽媽，這還算是獨立思考嗎？——當然算。

很多人以為獨立思考就是要和別人不一樣、和主流觀念不一樣，或是給出很原創的結論，但其實不是。你的答案是什麼，並無法說明你是否有獨立思考，決定獨立思考的關鍵在於過程：你是否有意識到系統一的反應，然後對這個反應進行第二層思考？或者刻意的換一個和直覺反應不同的框架進行思考？

只要你有做到這點，那麼即使你得出了和大多數人一樣的答案，你都算是在獨立思考了。

獨立思考不等於唱反調

很多人會有錯誤的理解，以為獨立思考就是站在別人的對立面唱反調，但並非如此。真正的獨立思考，其實更像是站在

自己直覺的對立面，和自己的直覺唱反調。

如果你一開始相信對方，你就應該檢視一下你相信對方的原因，然後試著懷疑對方。如果你一開始懷疑對方，那麼你就應該檢視一下你懷疑對方的原因，思索對方觀點是否有合理之處，否則很容易陷入全盤否定。

獨立思考不是要你變成懷疑論者，如果你總是懷疑別人，別人說什麼你都覺得他不懷好意，懷疑就成了你的第一反應。這恰恰意味著，你需要的第二層思考就是試著相信別人，試著看見對方觀點的合理之處。

一邊是相信（觀點 A）、一邊是懷疑（觀點 B），兩相結合，就能建立一個客觀公正的思考態度。如同現代法律的邏輯，儘管原告和被告各執己見，法官或陪審團也要將兩方觀點結合考量，才得以做出公正的判決。

別小看這個簡單的結論。有心理學研究指出，只要讓人們在考慮問題時，提醒他們要「想一下事物的對立面」，就能讓他們更可能在作答時給出理性、客觀的答案。**4**

「想一下對立面」之所以有這種效果，原因在於大多數人的思考，都只是延續系統一想到的第一反應。只要你最初想到某

4　參考：史坦諾維奇（Keith E. Stanovich）《超越智商：為什麼聰明人也會做蠢事》（簡）（機械工業出版社，2015）。

個觀點，接下來的思緒就會圍繞這個觀點前進，而不會思考反面觀點。就算你花上幾個小時刻意思考，也很可能只是在為自己一開始秉持的觀點找證明。這種傾向在心理學上稱為「確認偏誤」（Confirmation bias），是人類與生俱來的認知偏誤。

這也是為何每個人在日常中都會用到系統二，但卻不是每個人都會獨立思考。因為大多數人的系統二，不過是服務於系統一的直覺延伸。

但事實上，獨立思考並不複雜。這裡再重申一下：只要能從系統一的反應跳出來，然後用系統二去反思自己的所思所想，就已經算是獨立思考。同時，常見的獨立思考可以進一步細分為這兩種形式：

1. **針對第一直覺進行反思，站在自身自覺的對立面。**
2. **意識到第一直覺並跳出，轉換另一個角度／框架思考。**

以前面的例子來說，當你傾向信任某個說法，那麼跳出來站在對立面去懷疑這個直覺，就是形式一的獨立思考；如果你按捺住全盤照收的想法，選擇暫時擱置結論，轉而尋找其他更可靠的說法，就是形式二的獨立思考。

到這裡，已經回答了本章節一開始問的第一個問題：什麼是獨立思考？但緊接的問題是，如果獨立思考不是為了和別人不一樣，也不是用來懷疑別人，那獨立思考到底有什麼用處

呢？

而這正是我們接下來要談的問題，也是本章節一開始提出的第二個問題：如果我不用獨立思考就已經能成為專業人士、找到工作，那為什麼還要獨立思考？

第一個原因：自我進化

如果你對自己做的事情已經駕輕就熟，只靠經驗就能好好活下去，那為什麼還要獨立思考？

這個問題的正確答案可以有很多個，例如：為了更客觀公正、為了看到更多的可能性等等。但我認為，真正重要的原因只有兩個。第一個原因，就是為了「**自我進化**」。

系統一的根據總是來自經驗和基因，它會讓你秉持舊有的視角去看事情，陷入重複的循環，沒有成長、固步自封。如果想要有所突破，你就要檢驗自己舊有的觀念，去反思它，然後突破它。

人類的智慧之所以能持續成長，正是因為我們會反思自己該怎麼思考。當你產生一個想法，就要去思考這樣的思考哪裡有問題？哪裡還可以改善？哪裡還可以變得更好？當你想辦法改進這個想法，它就會變成你的新經驗，成為你系統一的一部分，進入你的直覺反應。

過了一段時間後，你再次進行獨立思考，去反思這個新想法。然後，你又找到了更好的改進方法，讓這個想法更上一層樓，讓它再次變成你系統一的經驗……就是這樣一再的獨立思考，讓人類得以演化出現在的文明。而人類到目前為止，都還在不斷的突破過去的限制。

所以，我們為什麼要獨立思考？就是為了不斷反思我們舊有的觀念、思考和做事方式，並透過這樣的獨立思考自我迭代，不斷的突破自己。

第二個原因：掌握自主權

獨立思考，是為了自我進化。這是第一個原因。而我們要獨立思考的第二個原因，是為了**重新掌握命運的自主權**。

這是什麼意思呢？你想想，如果你的想法都是別人灌輸給你的，那就等於你的行為都來自他人的影響。你的命運取決於他人的想法、取決於社會向你灌輸了什麼，就好像機器人被輸入什麼程式，就會做出什麼的反應，全由他人控制。

當然，不是每個人都是機器人，人類有自主思考的能力。但考慮到人的生理和心理發展，自主思考的能力通常要到達一定歲數之後才能獲得，而且會隨著年齡改變。

人何時開始有自主思考能力？

在人生的最早期階段，0 到 12 歲之間，由於我們還處於大量學習的準備階段，所以會全盤接收他人提供的任何想法、任何知識。這是這個階段的最佳策略，因為我們對這世界還一無所知。但與此同時，大量地接受想法和知識，也意味著我們或多或少都會吸收到一些錯誤的想法和知識。

而到了青春期階段，大約 13 到 24 歲之間，由於我們的大腦發育得更成熟，以及青春期荷爾蒙的作用，讓我們開始會表達自我、思考「我是誰」這樣的問題，也更熱衷於追求他人的認同。最重要的是，這個階段的我們會開始質疑他人灌輸給我們的想法，並開始改變一部分以前的固有信念。

但由於我們此時才剛獲得自主思考的能力，大腦裡也充滿了以前不假思索就全盤接受的資訊，所以這個階段的我們，還是分不清哪些是自己的主見、哪些不過是他人灌輸的信念。我們甚至會把他人的想法，當成自己的主見來維護。處於這個階段的人，最容易受到社會言論的煽動──因為我們對人、對世界的觀念都還很混亂，但又有強烈的自我表達需求，因此依然很容易受到他人影響。至到第二次青春期開始，也就是 25 歲到 36 歲之間，我們才算是充分具備了自主思考的生理條件。

　　腦科學的研究指出，25 歲是大腦發育的一個重要里程碑，因為大腦的前額葉皮質區大約要到這個歲數，才算是發育成熟。**5**

　　前額葉皮質區是大腦裡的總指揮，具備許多與思考相關的功能，包括理性思考、計劃未來、理解抽象概念、換角度思考、調控注意力、自我監控、抑制原始衝動等等。很多與「優良思考」相關的品質，都和前額葉皮質區脫不了關係。事實上，人和動物的思考能力有如此大的差別，重要關鍵之一就在於我們演化出了更高級、更大的前額葉皮質區。

　　所以人要到 25 歲左右，才算是充分具備了自主思考的生理條件。在這個階段，獨立思考對我們來說變得相對容易。我們能更輕易的跳出第一層反應，進行第二層思考，也更容易反思自身的直覺。

　　但是，有這樣的生理條件，不代表我們就會經常使用獨立思考。就好像每個人都能跑步，但不是每個人都經常跑步，更不是每個人跑得一樣快。

5　Somerville, L. H. (2016). Searching for Signatures of Brain Maturity: What Are We Searching For? Neuron, 92(6), 1164-1167. https://doi.org/10.1016/j.neuron.2016.10.059

獨立思考，決定你能否脫離平庸

在 25 歲左右，到 36 歲之前，一個人是否開始大量進行獨立思考，將會是他變得平庸或者變得傑出的分水嶺。

如果在這段期間幾乎沒進行獨立思考，那麼這個人很可能會走向平庸，因為他的思考和行為，依然遵循著人生早期得到的社會常識，而這種社會常識人人都有。也就是說，他沒能在思考這件事情上，發展出相對於一般人更大的優勢。

而如果在這個時期，一個人開始大量進行獨立思考，大量地反思學校教的、職場灌輸的種種知識和信念，他就更有機會突破這些框架。隨著獨立思考的經驗累積，久而久之便能發展出一套相對獨特的思考和行為模式，一套一般人不會有的思考模式，從而改變自己落入平庸的命運。

更重要的是，只要時常獨立思考，它就會變成你的第二天性。當你遇到任何問題，你不會像機器人那樣盲目反應，看不見常識之外的可能性，而是能夠跳脫出來，反思自己的結論和決策，從而開拓更廣闊的未來。

當然，你不需要等到 25 歲才開始獨立思考，我們在這之前就已經具備獨立思考的能力。只不過在 25 歲的時候做這件事會更容易，因為你擁有的經驗和知識量都比較充分，這情況下的獨立思考會更有價值。

　　另外，25 到 35 歲的你不只已經足夠成熟，又還沒有太重的社會負擔，因此可以最大限度進行探索，發展出自己的相對優勢。

　　那麼，36 歲之後呢？ 36 歲之後可能有兩件事情會發生：

　　第一，你 36 歲之前積累的優勢正在發生作用，讓人生朝你想要的方向前進。

　　第二，你之前形成的思考和行為模式將成為你的第一層反應，而擁有獨立思考的習慣，或者剛開始大量進行獨立思考的你，如果沒有安於現狀，你將會再一次突破自己。

　　從這個角度看來，每個人的預設命運，都是邁向平庸；**而每一次獨立思考，都是擺脫預設命運的一次嘗試**。獨立思考是本書的開始，而所有後續一連串的思考，都是獨立思考這個動作的延伸。當我們開始獨立思考，「在第一反應之外，進行第二層思考」的時候，這第二層思考到底是怎樣的思考呢？答案就是接下來的「邏輯思考、換位思考、創意思考」。

　　下一章，我們會開始進入〈邏輯思考〉，帶你了解邏輯思考的三個層次，以及如何建立自己的邏輯體系。

●●●●●●●●●●●●●●●●●●●

1. 系統一和系統二的重要差異

系統一的反應來自過去的經驗，它是過去導向，是慣性的「Think inside the box」。

系統二則是能隨意調換不同的思考框架，所以它是未來導向，也是開拓新可能的關鍵。

2. 獨立思考的定義是什麼

它不是為了獨特而獨特，也不是為了和別人唱反調，而僅僅是「在第一層反應之外，進行第二層思考」。

站在直覺的對立面進行反思，抑或是跳出直覺，換另外一個框架去思考問題，都能算作是獨立思考。

3. 人需要獨立思考的第一個原因：自我進化

這個動作能幫助我們打破舊有的觀念，舊有的思考框架，並從中找到改進的地方，成長的方向。新思考框架會變成你的直覺經驗，這時如果你能再次跳出來獨立思考、進行反思，就能再一次突破舊有框架，並透過這樣的方式不斷進化自己。

4. 人需要獨立思考的第二個原因：自主命運

在 25 歲前，我們的行為和思想都來自他人灌輸給我們的想法。而大腦也還沒成熟到有太多的自主思考。到了 25 歲到 36 歲左右，大腦已經發育成熟，而且又還沒有太多的社會負擔，於是可以盡情探索、突破自我。因此這階段是獨立思考的關鍵期。

5. 獨立思考是個體脫離平庸的關鍵

藉由大量獨立思考，你就有可能發展出一般人沒有的行為和思考模式，這也將會是你的獨特優勢。

column

獨立思考的訓練方案

每當你意識到自己要做選擇／決策，或對某個人、事、物下判斷時，先按捺住第一反應，問自己：

這直覺得出的結論，其對立面是什麼？ 除了這一個結論之外，還能有其他不同的結論嗎？

要從日常的自動化反應跳出來刻意思考並不容易，若努力嘗試後還是不行，可以改為在空閒時間抽出 10 分鐘，反思當天所做的選擇與判斷。

★ 訓練方案只能作爲參考，你需要自行斟酌選擇一個或多個思考力進行修煉，規劃時間。

邏 輯 思 考

—— 沒有知識，就等於沒有邏輯。

── 2-1 ──

思考的三個層次

在上一個章節中，我們為獨立思考下了一個定義，那就是「在第一層反應之外，進行第二層思考」。

那麼問題來了：在面對同樣一件事情時，你的獨立思考和他的獨立思考，會得出一樣的結論嗎？很有可能不會。

比如說，在面對 1+1 這個問題的時候，他給出的答案可能是三個人，你得出的答案是可能是一堆沙。

但如果你是在考數學時遇到 1+1 的問題，這樣的回答就沒有用了。獨立思考所帶出來的答案，不一定是有用的。就算你成功跳出框架思考，但得出的答案卻不符合現實情景，這次的獨立思考就是沒有用的，也不會為你帶來什麼效益。

那什麼樣的獨立思考才有用，才能創造價值呢？又是什麼決定了你獨立思考得出的結論比他好、他得出的結論比你好呢？

要釐清這些問題，我們得先釐清思考的三個層次。

第一個層次：單因素思考

第一個層次的思考，叫「單因素思考」。

什麼是單因素思考呢？就是一個人在面對問題、分析事情的時候，只能夠想到非常有限和表面的解釋。

我們不妨用周杰倫為例子，來想一想周杰倫為什麼能走紅？

一個擁有單因素思考的人會說，這是因為他的歌好聽。沒錯，他的歌的確好聽，但其他人的歌也很好聽，為什麼只有周杰倫那麼紅？擁有單因素思考的人會繼續說，因為他的歌比其他所有人都更好聽。

如果你問他還有其他解釋嗎？他可能會覺得有，但給不出具體的解釋。事實上，除非你不斷追問，否則他不可能會去思考是否有其他解釋。單因素思考的特徵，就是把事情想得過度簡單、單一。

又比如說，這種人會抱持特定信念：他們開餐廳的時候，會認為只要東西好吃，就一定客似雲來。他們也會認為，只要堅持付出，就一定會有成果；只要有熱情，就一定能把事情做好；只要有心，就能達到目標……等等。

永遠不要滿足於單一解答

我記得在我中學的時候，有一個同學問我，為什麼眉毛長到一定的長度後，就不繼續長了呢？為什麼頭髮如果不剪，還是會繼續長呢？

我當時也不知道答案是什麼，就隨便回答：「因為眉毛是毛啊，頭髮是髮啊，兩個是不一樣的東西。」結果她竟然欣然接受了我的答案。她說，對耶！眉毛屬於「毛」耶！我當時很驚訝她會接受我的解釋，因為這個解釋幾乎等於沒有解釋，而之後我們也沒有再討論這個問題了。

這也是單因素思考的特徵：當你有了一個滿意的答案，就會立刻停止思考。因為有了一個答案就滿足，這就是單因素思考不好的地方，它會讓我們把事情看得太過簡單、落於表面，會讓我們熱衷於找到問題的「單一標準答案」。

但是，我們都知道現實世界充滿了開放的問題，大多數事情都沒有單一標準答案。我們需要不斷思考，才能找到更多的可能性、更好的選項，也才會找到更貼近本質的回答。

有時我會想，如果同學沒有對我的答案感到滿意，只要她沒有放棄追問的話，那麼不管是去問別人，還是自己看書找答案，她終有一天會發現：眉毛的關鍵作用在於阻擋汗水流下。這有可能是因為在原始草原奔跑的時候，避免額頭的汗水流到眼睛非常重要。

　　如果她還不滿意這個答案，那麼她還可以懷疑，那些沒有眉毛的人類，因為眼睛被汗水弄得睜不開，因此可能會在奔跑時失足摔死，或在與野獸搏鬥時失去性命；而眉毛太長的人，則可能被眉毛遮住視線，所以也是死劫難逃。在演化的鐵則下，人類的基因保留了眉毛這樣的長度。[1]

　　如果她還是不滿意這個答案，那麼她可能就會追查有沒有別的物種也出現了眉毛，但不是用來防止汗水呢？她也可以研究基因的機制，研究基因是怎麼讓人類長出眉毛的。如果她擁有這種繼續追問的精神，那麼就算她不讀大學，這種態度也都能讓她看待事物的眼光比別人透徹、深刻。

　　這裡有一點該注意：這位同學並不是缺乏好奇心的人，她其實很有好奇心。換作其他人應該完全就不會去好奇眉毛這種問題。問題是：她的好奇心太淺了，她只問了一次為什麼，而沒有繼續追問，她陷入了單因素思考的陷阱，滿足於第一個答案。

　　可能有人會說，單因素思考其實沒什麼不好啊！對每件事情保持簡單，那不是更舒適快樂嗎？

　　的確，保持簡單可以省下很多思考，看似比較舒適快樂，

1　參考：How to be Human: The reason we are so scarily hairy（https://www.newscientist.com/article/mg23631460-700-why-are-humans-so-hairy/）

但這種快樂通常不能持續，因為失敗和挫折帶來的痛苦總會降臨。

原因就在於：單因素思考的人如果獲得成功，他不會知道自己成功的真正原因是什麼，導致他難以重複自己的成功。如果他失敗了，也不會知道自己失敗的真正原因，很容易再次失敗。

我們再看一個例子就能明白。假設世界是簡單的，創業成功只需要行動力、時機和人脈，而某個單因素思考者誤打誤撞地滿足了這三個條件，創業成功。

這時，他可能會解釋自己的成功是靠行動力，而完全沒意識到其他兩個因素發揮的作用。而當他再次創業時，就會只專注於滿足行動力的條件，而忽略了另外兩個必備條件，導致無法複製成功。

同理，一個單因素思考者失敗了，可能是因為他同時缺少這三個條件，但他卻解釋說單純是因為時機不對。這說法雖然正確，但卻不夠全面。當他再次創業時，就算他「從錯誤中學習」而滿足了「時機」這個條件，但只要忽略了另外兩個條件，一樣會再次失敗。

由此可見，單因素思考雖然表面上看起來沒什麼不妥，但卻可能會讓一個人不明不白地過完一生。成功時無法完全複製經驗，失敗時無法從中學會經驗，這就是單因素思考的最大弊端。

第二個層次：深度思考

如果你想要做一個明白人，那就必須突破單因素思考，進入到思考的第二個層次：**深度思考**。

先說一個故事：我們所熟知的藥物抗生素，其實有很多種。而最早被發現的抗生素，就叫作青黴素，在 1928 年由細菌學教授弗萊明在實驗室裡發現。

青黴素的功能是可以迅速殺死細菌，但對人體毒性很小，因此可以用來治療細菌感染。但為何青黴素能殺死細菌？它是如何殺死細菌？這些問題的具體答案，當時的科學家們一概不知，他們只知道青黴素的功用就是能治療細菌感染。

幸好，科學家們沒有因為知道了功用就覺得滿足，而是繼續追問背後的原理。結果科學家找到了藥理的深層邏輯：原來青黴素裡面有一種特殊物質，亦即青黴烷，它能破壞細菌的細胞壁，所以才有殺菌作用。而人類細胞只有細胞膜，而沒有細胞壁，所以青黴素對人體毒性很小。

儘管這個答案已經挺讓人滿意，但卻還是沒讓科學家覺得滿意。他們還在追問青黴烷為何能破壞細胞壁？於是有科學家研究了青黴烷的分子結構，進一步找到改進藥效的方法。在之後，科學家又發明了頭孢菌素類抗生素。

隨著時間推移，有些細菌演化出了抵抗青黴素的抗體，導致青黴素的殺菌效果失效。這時頭孢菌素就派上用場，用來治

療那些青黴素無法治療的細菌感染。

深度思考，就是不斷問「為什麼」

　　這個故事告訴了我們深度思考的好處：如果科學家只是知道了青黴素的功用，就停止思考，我們就不會了解到青黴素的殺菌原理，也不會知道青黴素為何能殺菌，但對人體毒性小。

　　如果科學家在了解原理之後就滿足，他們就不會進一步改進出能替代青黴素的頭孢菌素，也就對付不了變種的新細菌了。

　　事實上，科學家還在不斷地問為什麼，鑽研更貼近本質的殺菌原理，並因此推出了第二代、第三代、第四代的頭孢菌素，也發現了許多種不同的其他抗生素。

　　這個故事也告訴了我們什麼是深度思考，其實就九個字：**為什麼？為什麼？為什麼？**第一次為什麼，知道了青黴素的功效；第二次為什麼，深入到了殺菌原理；第三次為什麼，沉入到了分子層面的殺菌原理。

　　我們再用智慧型手機當例子。從 80 年代、90 年代到 00 年代，我們知道在那二十多年裡手機尺寸變小了，但它的鍵盤還在。手機還是用來傳訊息和打電話，還是能玩一些小遊戲。它

多了藍牙、MMS之類的功能，鈴聲變得比較好聽，但並沒有什麼稱得上革命性的進展。

但如果你問當年的消費者覺得這些手機好用嗎？好用！非常好用！買了新手機還會到處拿去炫耀呢。

但總會有人不滿足於這個現狀。他不滿足於現成的「答案」：為什麼手機的功能不能像電腦一樣更多元化？為什麼手機的設計不能再更簡單一點？最重要的是為什麼非得有鍵盤？他看這個鍵盤不順眼很久了。

而如果你問當時手機行業的專業人士，他們一定會說怎麼可能把鍵盤拿掉，這樣要怎麼打電話？怎麼打字？的確要有鍵盤才可以打字，但為什麼鍵盤可以讓你打字？因為鍵盤本質上是一種輸入手段。那如果能找到其他輸入手段，是不是就可以拿掉鍵盤了呢？

如同我們所知，後來的手機幾乎再也沒有實體鍵盤。

縱觀歷史不少對現狀的重大改進，都是來自深度思考，以及不斷地問「為什麼」。電動車的改進和普及也是如此：

WHY1：為什麼傳統汽車要使用石油驅動？因為燃燒石油是一種產生能量的有效手段，只是碳排放量比較大。

那我們有沒有其他產生能量的手段呢？有，那就是用電發動。這點顯而易見，因此電動車的概念其實早就有人提出。

WHY2：但在電動車龍頭特斯拉誕生之前，所有傳統汽車廠商都做不出能普及大眾的電動車，為什麼？

有兩個主要原因：一個是電池產生的動力不夠強大，一個是因為市面上的電池很貴。

WHY3：為什麼電池的動力不夠強大呢？為什麼電池的成本很貴呢？因為電池的密度和容量不夠大。

那如果增加電池的密度和容量，是否就能解決問題呢？確實如此。但如果增加電池，就會因為電池昂貴而導致成本過高。那為什麼電池很貴呢？是因為材料，還是因為製造方式？

特斯拉的創始人馬斯克，便是在發展電動車的這一路上，不斷追求降低電池的成本，研究電池材料、類型與製造方式等，使電動車得以在市場上與汽油車競爭。[2]

當製造的成本降低，電動車普及到大眾的關鍵條件也就滿足了。

2　參考：〈要把電池成本降到比汽油低！特斯拉秘密專案透露：將親自殺進、並顛覆電池製造領域〉https://www.bnext.com.tw/article/56794/tesla-battery-plan

習慣立刻找解答的世界

這裡列舉的案例都經過簡化，發明與改進的歷史通常有很多細節，我們在第四章也會談到創新的一些細節。但透過剛才那些例子，你可以認識到：如果我們沒有不斷問為什麼、不去探索事物的底層原理，就很難複製過往的成功、改進現有的成功，也很難讓成功變得更成功。

問題來了：既然深度思考那麼簡單，只需要問「為什麼」就能達成，那為什麼很少人會進行深度思考？為什麼大多數人都不會去問為什麼？

深度思考的難點，其實不在於理解，而是在於人們很難產生動力去實踐。

這並非因為人們的好奇心不足，而是**比起問「為什麼？（Why?）」，大家更喜歡問「怎麼做？（How?）」**

大多數人都傾向盡快獲得成果。我們都希望能立刻獲得做好一件事的滿足感，因此我們會更喜歡問「怎麼做？」，而不是問「為什麼？」

「怎麼做？」這個問題指向立刻的行動指南——先把事做完就好，而不管箇中原理，這能快速滿足人們完成事情的願望。

而問「為什麼」則是要釐清事情的原因，先了解原理再去做，這會需要你先把願望放下。

　　大多數時候只問「怎麼做？」當然沒問題。如果你的目的是要煮一碗麵當晚餐，那你只需要知道如何做，而不用先想為什麼，否則你會先餓死。

　　但是如果你要做的是一些比較複雜抽象的事情，就必須在「怎麼做」之外再加上「為什麼」。

比起「怎麼成功」，更該問「為什麼成功」

　　假設你想要靠投資賺錢，如果你只是問「如何靠投資賺錢？」你會找到一堆靠投資賺錢的方法：技術分析、價值投資、總體經濟分析、量化交易……等等。所有的賺錢方法，都有成功案例證明其有效。

　　但你知道嗎？採用技術分析的散戶大多都虧慘了；價值投資者也可能沒有忍住，在股票大跌時出場，輸給自己的恐懼情緒；總體經濟分析者，對時機的拿捏可能並不是太準；採用量化交易的投資者，也是出局的案例多過成功的案例。

　　你可能不了解我剛才說的那些名詞，但沒關係。你只要知道：絕大多數的散戶，都是在尚未釐清這些方法的深層邏輯之前，就直接按照別人說的「怎麼做」殺進股市，虧損了自己辛苦賺來的錢。他們只問了「怎麼成功」，但沒有問「為什麼能成功」。

注意：他們之所以虧損，通常不是因為那些投資策略真的無效，而是因為他們根本就不知道其中原理，也就無法判斷什麼方法適合自己、什麼方法適合當下的情況使用。

反過來，如果我們不問「怎麼做」，而是先問「為什麼有人能靠投資股票賺錢」的話，你就會發現：大多數非專業人士在投資上能持續賺錢，靠的其實是長期的複利效果（利滾利）。

那為什麼股票會有長期複利呢？這是因為從股市誕生的一百多年以來，股市長期來看都是持續上漲的。

那為什麼股市長期來看都持續上漲呢？這是因為人類的技術不斷突破、創新，生產力一直提升，貿易也越來越發達。所以只要人類文明持續進步，那麼長期來看，股市就還會持續上漲。

釐清這些股市賺錢的邏輯之後，再去想「如何靠投資股票賺錢？」這個問題，你整個人就會踏實許多。你會發現：對於散戶來說，真正最可能賺錢的方法就是「被動投資」。

例如，將資金定期定額投入到大盤，買整個股市的長期持續上漲，然後藉著長期複利的效果獲取優秀的市場報酬。事實上，這也是股神巴菲特最推薦給散戶的投資方法。

當然，剛才提到的技術分析、價值投資、量化交易之類的方法並非無法賺錢，而是如果你要掌握這些方法，單純問「怎麼

做」是不夠的。你必須去問「爲什麼」它們會有效？找到這些方法之所以有效的邏輯根據，你才能知道爲何同樣的方法有些人用了能賺錢，有些人用了卻虧錢，而你自己又該怎麼選擇。

沒有釐清邏輯就進場，那即使賺錢也只是靠運氣，你無法再次複製；而就算虧錢了你也不清楚原因，可能會再犯同樣的錯誤──這和前面提到的單因素思考是相同道理。

面對任何事情，只要先釐清深層邏輯（爲什麼），再想怎麼去做，你做事的方式就會完全不同，也更有機會抓住讓事情成功的關鍵。

另外，深度思考是有方向之分的。我們今天討論的深度思考，其實假設了問題只有單一思路：A 導致了 B、B 導致了 C、C 導致了 D，然後 D 就是深層邏輯。但眞實世界是複雜的，邏輯的脈絡也未必只有一條。因此，如果想釐清事情的邏輯，我們就要朝多個方向進行思考，而這就是我們下個章節要談的思考第三層次：**多元思考。**

重點整理 ● ● ● ● ● ● ● ● ● ● ● ● ● ● ● ●

我們談到了思考有三個層次，而這一個章節我們介紹了前兩個層次。

● **第一個層次：單因素思考**

如果你滿足於標準答案只有一個，那你就很可能落於表面，對許多事情不明不白。

● **第二個層次：深度思考**

做事或解決問題都要想深一些，先問為什麼？為什麼？為什麼？再問怎麼做。而大多數人之所以不去問為什麼，是因為人們急於成事，所以更傾向於問「怎麼做」。

在這裡有一個簡單的法則：就是面對簡單的問題，例如煮出一碗好吃的麵，這種問題可以只問一次為什麼，甚至只問怎麼做就好。而越複雜、抽象、龐大的問題，例如準備公司專案、選擇投資策略、做出創業決策等，就越需要多問幾次為什麼，這些問題就需要問許多次為什麼。

一般來說，一條思路在問了三次為什麼之後，就能到達關鍵的深層邏輯。

—— 2-2 ——
沒有知識，就沒有邏輯

在上一章節，我們談到第二個層次的深度思考，是不斷去問為什麼。

那麼，面對同一件事情，兩個不同的人都問為什麼，他們會得出一樣的答案嗎？很可能不會。那麼，到底是什麼決定了不同的答案呢？

前面提到了智慧型手機跟電動車，但當時難道就只有賈伯斯和馬斯克問了「為什麼」嗎？當然不是，肯定也有其他的專業人士問過相同問題，但大多數都沒有得出像他們那樣的結論。

也就是說，在現實生活中，就算你很努力地問為什麼，也不代表你能夠因此而得出良好的結論。

那麼，又是什麼原因讓這些人能給出不同的結論呢？是什麼決定了一個人輸出的品質呢？答案是：**邏輯**。

向名偵探學習邏輯

要瞭解「邏輯」這個詞，我認爲最好的辦法就是向名偵探福爾摩斯請教，看看他是怎麼進行邏輯推理。

在某部福爾摩斯的影集中，有個情節是福爾摩斯光靠一頂帽子，就推導出沒見過的帽子主人的性格特徵，他是這樣推理的：

「這帽子被修補過五次，每個針腳都很齊，說明他找了一位很有水準的師傅。

「而這樣的修補費一定超過了帽子本身的價格，說明了他非常迷戀這個帽子。

但其實不止如此，如果只有一兩次補丁，只能說明他是多愁善感的人。但五次？那足以證明他有強迫症」

你覺得福爾摩斯這樣的思考方式有用嗎？他是怎樣辦到的呢？我們來一段一段進行分析。

首先，他說了「每個針腳都很齊，說明他找了一位很有水準的師傅」，這裡可看出福爾摩斯懂得裁縫相關的知識和技術。因爲如果他不知道這些，就無法判斷裁縫的手工到底有沒有水準。

其次，他提到了修補費高過帽子本身的價格，而如果他不是早就知道這兩者的價格，就無法判斷出修補費高過帽子的價格。

最後，他還相當熟悉心理學，能分辨怎樣才算是一般的多愁善感，怎樣才算是強迫症。

而如果他沒有這些知識，不知道裁縫的服務價格、不知道那頂帽子大概多少錢、不知道強迫症的症狀，他就無法提出這個人有強迫症的結論。

當然，熟悉福爾摩斯的人都知道，他除了有相應的知識之外，還用了一個思考方式，叫做**演繹推理**。什麼是演繹推理？簡單來說，就是**邏輯三段論**。我們不妨來看一個經典的例子：

大前提→凡是人都會死

小前提→蘇格拉底是人

結論→蘇格拉底會死

請問這個推理正確嗎？正確。那麼福爾摩斯在剛才是怎樣運用這種推理的呢？

首先，他看到了對方的帽子，有被修補過的地方，而且針腳都很齊；接著，他根據對裁縫手藝的一定了解，知道只有高級師傅才能修補得很齊。

注意：很多人以為演繹法一定要先有大前提，然後才有小前提，但其實不一定。因為在現實世界裡，演繹法是可以反過來運用的——先觀察到了小前提，再調用記憶裡的大前提來做出結論。有了大前提和小前提，福爾摩斯才認為這個帽子一定被高級師傅修補過。

福爾摩斯之所以能得出結論，靠的是知識。如果福爾摩斯對裁縫的手藝一竅不通的，那即使他觀察到針腳很齊，也不會知道這有什麼意義。

換句話說：**沒有知識，就沒有邏輯**。如果你不具備相關的知識，你就不可能透過思考得出相關的結論。或者反過來說：相關的知識越多，你就越可能提出各種結論。

所以福爾摩斯最厲害的地方，其實是他懂得很多知識，能用這些知識做出各種推理，提出一般人料想不到的結論。這不只是因為他懂得邏輯思考，而是因為他的「大前提」很強，知識儲備很豐富。

那假設主角不是福爾摩斯，而是一位道士，那麼他會從這個帽子得出什麼樣的結論呢？

大前提→還在人間的靈魂都充滿怨恨詛咒

小前提→我感受到帽子裡有前主人的靈魂

結論→帶上帽子的人會被詛咒

　　你覺得這段推理符合邏輯嗎？當然符合。這個邏輯三段論是正確的，但我們總感覺不對勁。為什麼？因為我們覺得道士引用的根據是錯誤的，他的大前提是錯誤的，所以結論也是錯誤的。

　　當然，在道士的世界裡，他並不會覺得自己的結論是錯誤的，他可能根本就不覺得自己的大前提有錯。

　　因此，如果學習了錯誤的知識，給出的結論也會是錯誤的。很多相信偽科學的人並非不懂得邏輯思考，而是吸收了錯誤的知識，讓他們給出錯誤的結論、做出錯誤的決策。

　　千萬不要以為邏輯思考是多難的事情，它的過程是很簡單的。有些心理學家甚至認為邏輯思考是一種本能，每個人天生就會。和邏輯思考相比，正確知識的積累更加困難。

　　我們再看回最前面的三段論。現在，假設科技瘋狂進步，人類發明了長生不死的藥，原本的大前提就不是正確的了。

　　這時如果你還是希望結論能符合邏輯，就需要更新你的知識，讓大前提變成：

大前提→凡是沒有吃長生不死藥的人都會死

小前提→蘇格拉底沒有吃長生不死藥

結論→蘇格拉底會死

這個例子說明了一個樸素的道理：**只有不斷學習，你才能不斷的變得更有邏輯，保持邏輯正確。**

好了，現在讓我們來思考另一個邏輯問題。

有一個人叫做小明（假設是一位年輕男生）。他走進一家電腦店，想要買一台新電腦。小明是一個很聰明的人，他的智商有 140，但是他對電腦設備一竅不通，所以他讓店員為他介紹。在這種情況下，如果這個店員想要詔騙小明，把電腦用高於市價的價格賣給他，小明很可能會上當受騙。

不管小明有多擅長思考，智商有多高，只要他對電腦相關知識一竅不通，就等於缺少思考裡的大前提。也就是說，他無法靠自己得出結論。他可能會懷疑店員，但卻無法證明店員在騙他。

換個角度想，如果小明擁有豐富的電腦知識，那即使他的智商只有普通人的水準，他也不太可能會上當受騙。

總結來說，我們思考輸出的關鍵，並非懂不懂得邏輯三段論、有沒有高智商，而是我們是否擁有相關知識。**因為沒有知識，就等於沒有邏輯。**

那如果反過來說，當我們擁有越多知識，是否就能做出更多更好的推理結論呢？我們來看回福爾摩斯的例子。

「這帽子被修補過五次，每個針腳都很齊，說明他找了一位很有水準的師傅。

而這樣的修補費一定超過了帽子本身的價格，說明了他非常迷戀這個帽子。

但其實不止如此，如果只有一兩次補丁，只能說明他是多愁善感的人。但五次？那足以證明他有強迫症」

我們剛才談到，福爾摩斯做出了三個推理：

1.　針腳說明主人找了一位很有水準的師傅。

2.　修補費超過了帽子本身的價格，說明了他非常迷戀這個帽子。

3.　在修補費高過帽子價格的條件下還修補五次，這說明他有強迫症。

而在這三個推理裡面，如果單獨只看第一個推理，能得出主人有強迫症的結論嗎？不能。如果單獨只看第二個推理呢？也不能。帽子本身並沒有寫著「主人有強迫症」，當福爾摩斯結合前兩個結論和他對強迫症的理解，「主人有強迫症」的結論才出現了。

換句話說，有時從單一推論獲得的答案是沒意義的，但將多個推論結合起來，卻可以讓推論產生質變、產生更高層次的總結。福爾摩斯藉此得出了一個表面無法看見的、隱藏在帽

子裡的資訊，而這正是第三層次的思考——多元思考的核心思想。

第三個層次：多元思考

我第一次聽到多元思考的描述，是來自著名投資人查理・蒙格（Charlie Munger）**3**。蒙格是股神華倫・巴菲特（Warren Buffet）的盟友，他多年來都與巴菲特合作，參與決策。而蒙格自己說，多元思考是他和巴菲特做出優秀投資決策的關鍵。

什麼是多元思考呢？簡單來說，就是當你面對一個問題時，你能夠結合多種不同的思維模型看待，而不是只用單一思維。比如說，蒙格和巴菲特都飽覽群書，包括各種不同領域的書籍。這是為了在做決策的時候，能以不同領域的眼光審視自己的投資決策，所以他們才有傑出的選股能力。

3　參考：查理・蒙格《窮查理的普通常識：巴菲特50年智慧合夥人查理・蒙格的人生哲學》（商業周刊，2011）。

外行觀點，突破思考盲點

　　這樣的做法有其根據。在英國有一家名為 InnoCentive 的公司，專為那些大公司、大機構的研究部門解決各類難題。他們會把這些大公司遇到的難題放在網路上，提供獎金給那些能提出成功解決方案的人。

　　這些連大公司都無法解決的難題，想必非常困難，但卻有85% 的問題都在網路上被外面的人解決了。[4]

　　於是就有研究員好奇做了一個調查研究，他分析了這家公司的網站數據，得出了一個結論——那些提供解決方案的人，往往都是外行人，而且越是外行的人，就越有可能提出成功的解決方案。[5]

　　比如說，有一位電子工程系學生，就為一個化學問題提出了成功的解決方案，而這個化學問題是成千上萬個化學家都沒能解決的。

---

[4]　參考：《跨能致勝：顛覆一萬小時打造天才的迷思，最適用於 AI 世代的成功法》（采實文化，2020）。

[5]　Jonathan Ye, & Atreyi Kankanhalli (2013). Exploring innovation through open networks: A review and initial research questions. IIMB Management Review, 25(2), 69-82. https://doi.org/10.1016/j.iimb.2013.02.002

　　為什麼外行的人能解決這些高難度的內行問題呢？其實答案很簡單，因為內行人都有著共同的盲點，而外行人則更可能帶來新的角度打破盲點。

　　一個只懂得自己專業的人，做事情的時候手上只有自己的「專業方法」，看事情的角度只有一種。他們的「工具箱」裡的工具很單一，解決問題的能力自然有限。他們只能解決特定的問題，其餘的問題都是他們的盲點。

　　而一個能多元思考的人，往往是掌握了跨領域知識的人，他們的「工具箱」裡會有多種不同功能的工具，這些工具能搭配運用來解決各種問題、減少盲點，也能跨界運用、開拓新思路。

　　同樣地，蒙格在做投資決策的時候，也會用不同領域的角度，也就是所謂的**多元思考模型**（multiple models），去審視自己的決策以提高準確率。這背後的道理很樸素，就是以更多的工具、更多的思維角度來減少盲點。

　　想像一下，如果你所做的決策，能得到心理學家的認同、得到經濟學家的讚賞、得到工程師的認可，甚至連歷史學家都覺得你做得對，那這項決策的盲點就稱得上是少之又少，更接近合理與正確了。

如何讓一加一大於二

多元思考還有一個特點，那就是**湧現**（emergence）。湧現是複雜科學的一個術語，說的是「整體大於局部之和」。用簡單的數學來類比的話，就是 1+1>2。

例如，當你的容器裡面只有一種化學元素的時候，它可能不會有什麼作用；但如果你把幾個特定的化學元素放進容器，它們就能爆炸、凝固、蒸發、腐蝕、燃燒等等，這樣的現象就稱為湧現。

又比如說，當你把一隻螞蟻放在桌面上，牠可能會獨自打轉至死。但如果你把一百萬隻螞蟻放在一起，牠們並不會一起打轉至死，而是會出現非常複雜的行為。牠們會共同築起非常複雜的蟻窩；在找食物時搭成一座蟻橋，讓其他螞蟻越過深坑；牠們甚至能黏成浮筏，合作渡過水面。

一隻螞蟻在平地上會打轉至死，一百萬隻螞蟻卻會形成複雜的系統，我們大腦的神經元也是一樣。單個神經元只能發出很簡單的訊號，但是當大量的神經元連接在一起，我們就能夠思考、記憶並產生意識。

如果你去細看，會發現神經元仍然只是簡單地發送訊號，每一個神經元都是如此。但當很多神經元相互連結時，就能產生 1+1>2 的效應

注意：並非所有東西都是 1+1>2。一個石頭和一個石頭加起來，依然是兩個普通的石頭，因為石頭之間沒有鏈接，也不會相互作用。

那什麼東西才會相互作用呢？答案就是：**知識**。

正如福爾摩斯並非靠單一推論或單一知識點來完成推理，而是結合多個推理，才得出一個嶄新的結論。單獨的一個方向、一次推理無法帶你去到最終結論。只有結合多次推論、多個角度的推理，你才能得到答案。

我們再看一個由蒙格給出的例子：可口可樂。可口可樂為什麼能成功？單因素思考者可能會給出這樣的結論：

因為好喝→所以成功

而多元思考者的思考路徑則是這樣的：

可口可樂公司透過大量的廣告宣傳，讓它的知名度提高，產生網路效應（network effect）。越多人喜歡喝可樂，會讓更多的人模仿，然後喜歡上喝可樂。而當品牌的知名度非常高時，又會有一大批人想要嘗試可口可樂。

可樂的廣告宣傳還使用了心理學的條件反射，廣告透過視覺效果把飲料與「愉快」等正向感受關聯起來，這會讓你在真

正喝可樂時，產生來自心理的、輕微的愉快感受。

　　飲料中還加入了咖啡因和糖，而咖啡因和糖都會讓食用者一定程度上癮，會讓食用者想要再次回味，這巧妙地利用了人類生理系統的一項「弱點」。

　　可口可樂公司還在銷售通路上做到了極致，幾乎在所有商店都可以買到它，而且確保了飲料總是冰冷，這又滿足了人們要即時享受的傾向。**6**

　　蒙格認為，正是因為可口可樂做到了上面這幾點，讓幾個效應在同一方向發揮作用。才會讓可口可樂的銷售量產生爆發式增長，受到世界各地的人喜愛。

　　如果可樂公司秉持單一思維，光只是埋頭苦幹地嘗試做出「最好喝的飲料」，就不可能這麼成功；就算成功了，也無法像現在的可口可樂那樣，輝煌盈利那麼多年。

　　有趣的是，這裡列舉的每個單一知識點，所能發揮的影響力都是很有限的，也無法解釋可口可樂的成功；但只要將這些知識點結合運用，就能產生 1+1>2 的力量，讓知識的力量產生質變。

6　同 P.65 註 3，此段參考該自該書簡體版。

如同福爾摩斯的例子，單個結論無法導致什麼洞見，只有把多個結論加總起來看。才能產生有價值的洞見。

大家都知道知識就是力量，但比較少人知道的是：多元思考能讓知識的力量產生質變，多元思考是能讓你的想法產生質變的思考。

下個章節，我們會談到怎樣分辨邏輯的好壞、怎樣建構自己的邏輯體系；日常中又該如何思考，才能兼顧深度思考和多元思考。

1. 沒有知識，就沒有邏輯。

邏輯思考是容易的，困難的是具備相應的知識，去推導出正確的結論。無論智商高低，知識都是邏輯思考的關鍵要素。

2. 學習正確的知識，是提高邏輯思考能力的關鍵。

好的洞見，通常需要從多個不同的角度推理得出，而用多個不同角度進行推理、思考的方式，就是多元思考。多元思考也意味著多元的工具，能讓人在面對問題時，找到有效的工具著手解決問題。

3. 湧現，讓 1+1>2。

多元思考能讓結論和想法產生質變，背後的原因是稱為「湧現」的現象。簡單來說，就是兩個或以上的東西產生相互作用，達到 1+1>2 的現象。由此得出，要讓知識的力量變得更強，就要把多種知識聯合起來，往同一個方向施力。

微觀來看，多元思考能讓想法產生質變；宏觀來看，多元思考能左右你目標的成敗。

—— 2-3 ——

建構你的邏輯網

　　邏輯思考在本質上，是由知識驅動的，而知識的多少、種類、品質，直接決定了邏輯思考會有怎樣的結論。在這裡，我們要再導入一個很簡單的概念：**邏輯網**。

　　什麼是邏輯網呢？我們說過思考可以分成三個層次，而邏輯網就是由這三層思考編織出來的知識網路。

　　在人生早期，每個人多多少少都是單因素思考的奴隸。我們會滿足於過度簡化的答案，不會進一步思考，然後把這個過度簡化的答案當成做事的依據。例如，開餐廳的時候只看重好不好吃，或者只看當下流行吃什麼。在這個時候，你的思考是孤立的一個點（**圖 2-1**）。

X 知識

圖 2-1：單因素思考

　　但如果你不輕易滿足於給定的單一答案，而是開始追問「爲什麼？」，就會啟動深度思考。透過深度思考把注意力放在事物的成因，不斷溯源，你就會開始看見各種現象的深層邏輯。這個時候，你的思考是一條垂直的線，你的結論不再是毫無根據的想法，而是有根有據的推導（**圖 2-2**）。

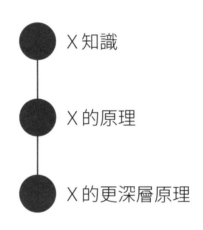

圖 2-2：深度思考。

　　但當你越是去問爲什麼，就越會覺得不安。因爲人一旦開始思考，就會發現自己不瞭解很多現象的背後原因——這種不了解會讓人意識到自己的無知，因此感到不安。而既然想不到答案，那就自然會去尋找答案。在這過程中我們會慢慢發現：不能只在同一個方向問爲什麼，而是必須用多元的眼光看待問題，才能眞正理解世界的複雜性（**圖 2-3**）。

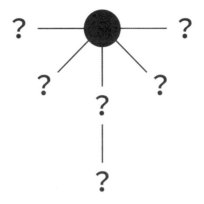

圖 2-3：多元思考。

在尋找答案的過程裡，我們還會漸進地看到越來越多知識的連結。你可能會發現：某個看似和自己完全不相關的專業領域，其實和你有很大的關聯。只要繼續尋找和追問，你會發現越來越多的知識需要學習和研究，觀察一件事情的角度原來可以很豐富。

而當你時常進行多元思考，所有的知識、經驗、洞察將會一個個串聯起來，編織成一張網。每換一個角度思考問題，就相當於在點和點之間拉一條線（**圖 2-4**）。

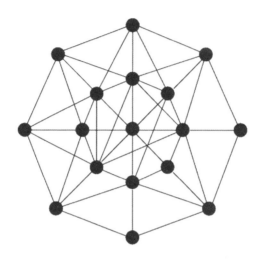

圖 2-4：多元思考的邏輯網（知識網）。

這張網就是你的邏輯網，也是你的知識網，它將決定你看待世界的眼光，也會成為你做出任何推理、給出任何結論的依據。當你的邏輯網足夠豐富，你的結論背後不再是毫無根據，也不僅僅是有憑有據，而是邏輯井然。

現在，邏輯網的概念應該很清楚了，它是我們透過學習和思考，以知識連接編織而成的邏輯網路。不同的兩個人，對於同樣的東西會有不同的理解，就是因為他們在邏輯網中連接上了不同的點，才會得出不同的結論。

在本書後面的內容中，我們還會經常提到邏輯網和知識

網，這兩個名詞會交替應用，但它們指的是同一片網路。邏輯
和知識是一體的，有邏輯就一定有知識，而知識本身的成立依
靠邏輯。當我們提到邏輯，指的也是知識，反之亦然。

如何提升邏輯網的品質

　　現在，想像一下，假設小明和小強各有不同的邏輯網，兩
人分別要開一家餐廳展開競爭（**圖 2-5**）。當他們同時告訴你
自己的餐廳更有人氣，要你在他們之間選一個下注，那你會賭
誰贏呢？

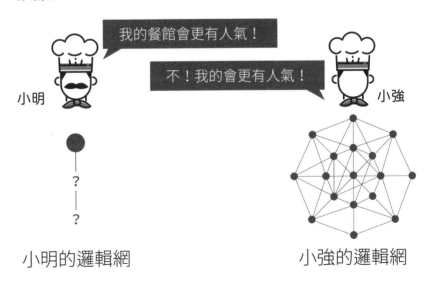

圖 2-5：兩家餐廳的人氣之爭。

　　我猜你會下注小強會贏。因爲他的結論，有更多的理由和證據支撐。

　　相反地，小明的結論可能來自沒有根據的觀念，而且甚至連他自己都沒有意識到，自己的結論毫無邏輯。

　　只要一個人從來不問「爲什麼」，那麼他的邏輯網大概就會像小明這樣，他雖然有自己的判斷和觀念，但觀念是從哪裡來、是錯誤或正確，他本人一概不知。他會很容易在下判斷時，錯把這些觀念當作客觀事實的全部。

　　從這個例子我們可以看出：當不同的人給出相同的結論，其背後隱含的邏輯份量可能完全不對等。

　　而當我們說一個人的邏輯思考很強大的時候，我們說的其實是他的邏輯網很強大。所以像福爾摩斯那樣的演繹推導，其實不過是眞功夫的表面，是冰山的一角，是到達最終結論的最後一里路。眞正讓他強大的，是他在演繹推導之前的，多年鑽研各種知識的思考和累積。

　　也就是說，日常就做足大量的邏輯思考，透過邏輯思考把知識編織成網，遠比遇到問題才盡力思考來得重要。

　　注意：要判斷邏輯網是否強大，不能只看知識量，否則死記硬背的學霸們都是最聰明的人了。我們有三個度能判斷邏輯網是否強大，分別是：**數量、連接量，以及品質**。

　　數量這個標準很好理解，就是知識量是否夠充足、種類是否夠多。連接量就是知識之間是否存在大量連結，這個我們

放在最後談。我們首先要談的，是知識的品質——你擁有的知識，是不是好的知識、正確的知識。如果知識錯誤，那麼即使連接的點再多，導出的結論依然會是錯誤的，也可能誤導你的推理。

客觀品質 VS 主觀品質

那麼，我們應該採用什麼樣的判斷標準，來看待某個知識的品質高低呢？如果是傳統的邏輯思考教學，老師會說只有真的知識是好的知識，因為假的或錯誤的知識，會導致結論錯誤。

但既然每個人都有不同的邏輯網，那麼邏輯應該也可以分主觀的好壞，而不是只能客觀看待。更具體地說，判斷邏輯的好壞，有時候要看你期望的是什麼。

如果你希望自己能更好的理解真實世界是怎麼運作的，那麼科學家提供的知識就更可能是好的知識，因為科學研究方法是人類目前為止，最客觀、最真實的全面理解方式。

例如，不管是福爾摩斯還是厲害的法醫，他們推理的背後都隱含著許多科學知識作為大前提，沒有這些知識，他們就無法推導出真相。

知識的客觀品質還算比較容易理解，但什麼是知識的主觀品質呢？簡單來說，主觀看來，只要是**能滿足你某個期望的相關知識**，就是品質好的知識。

例如，對一個道士來說，比起釐清客觀的世界如何運作，更重要的可能是根據道術的知識體系，從道術的角度做出結論，這樣才能解決那些總是疑神疑鬼的人的擔憂，並靠著這份職業養家糊口。

道士的結論，雖然在客觀意義上可能是錯誤的，但在他個人主觀的判斷標準裡，對他本人和信眾來說卻是正確又有用的。

再舉個例子，假設有兩位銷售員，一個叫小明、一個叫小強，他們每天都需要在外面推銷產品。小明是一個追求客觀真相的思考者，而小強則認為人的信念能改變一切。

小明自身的經驗告訴他，他每一次向陌生人推銷時，最終的成交率只有寥寥的 1%。所以他每次上前推銷時，心裡都想著他會有 99% 的可能被拒絕、無視，這讓他工作時沒什麼幹勁。

小強則相反，他每一次向陌生人推銷時，都會將其視為成功銷售的機會。當越多人拒絕他，他就覺得離銷售成功又更近一步，所以他工作很有幹勁。

小明和小強都認為自己的邏輯才正確，但一對比工作表現，我們就能猜到，肯定是盲目樂觀的小強業績更好，因為他

更有幹勁。

按照客觀標準來說，小明的邏輯當然更接近真相，但那卻未必能為他當下的工作帶來好處；小強的邏輯客觀來看雖然是錯誤的——因為無論他今天被多少人拒絕，下一個成交的可能依然是 1%，並不會因為被拒絕到一定人數就提升——但他卻也因此有了更好的工作表現。

也就是說，如果把一個人的目標和期望納入考量，邏輯思考就未必是客觀就好。

追求深刻、多元的客觀邏輯

這麼說來，難道我們應該放棄追求客觀事實，只要自己主觀認為邏輯正確就行了嗎？

當然不是。一個出色的思考者，當然要追求客觀事實，只不過，你不能只停留在表面，而是必須比一般人更深入、更多元。

我們再說回小明和小強的例子，小明雖然知道客觀事實，就是絕大多數人都會拒絕他，但這只是片面的真相。如果他懂得問為什麼、有深度思考的習慣，他就會開始分析「為什麼我的成交率只有 1%？那 1% 又是為什麼會成交呢？」

如果他去問為什麼，他可能就會意識到銷售的本質跟人類

的心理有關，因此他應該去研究行銷和消費的心理學，藉此改善銷售業績。

只要他開始深度思考，他可能就會發現這不只是個人銷售能力的問題，而是產品和公司的銷售方針出了問題，跳槽或許才是明智的出路。

如果他開始多元思考，透過市場和產品知識反思自己、透過心理學反思工作，他就可能對自己的事業現狀有更深刻的認識，並想到方法改善自己的銷售策略。

反觀小強，雖然他能夠始終保持樂觀，但同時也可能無法意識到自己再改善銷售情況。他不知道怎麼讓自己的事業更上一層樓，因為他對自己的現狀感到滿足了。

這樣看來，只要小明不落於片面的客觀，而是能夠看見更深入的客觀事實，那麼他達到的最終成果就會勝過小強。

所以在我心目中，邏輯的好壞排序是這樣的：

片面客觀 <	主觀自信 <	深刻／多元客觀
• 不足以產生有用的想法 • 反而會讓人對現實感到無力	• 心境輕鬆且較有行動力 • 不至於感到無力和焦慮	• 能產生有價值的想法 • 對自身處境有更好的認識與判斷 • 能一再突破思維之牆

　　只知道片面的客觀邏輯，還不如主觀的自以爲邏輯正確，因爲片面的客觀，不單只無法給你帶來有用的想法，甚至會限制你的思考和行動──你知道一些眞相，但無力應對這些眞相，只能自怨自艾。

　　而主觀的自以爲邏輯正確，那至少還能讓你感覺良好、保持積極，完成自己能力範圍所及的事情。

　　但主觀的自以爲邏輯正確，又不及深刻多元的客觀邏輯。唯有後者能帶來深刻的認識與判斷，這種判斷能讓你突破思維之牆，想到正確的下一步該怎麼走。

　　這裡再說一個例子，美國前總統川普。川普從 2016 年競選到 2020 年，各種不客觀的發言從未少過。例如他曾說要讓墨西哥出資造牆，或是戴口罩無法阻止傳染病。但不能否認，即使他這樣發言，也依然贏得許多民衆的支持，獲得莫大的成功和權力。

　　光從表面看，可能有人會覺得川普的邏輯網路，是由很多不客觀的資訊組成的。很多人會笑川普說話沒有邏輯，瘋言瘋語。

　　但如果你把他的期望納入考量，從他想要獲得更多選民支持的這點看來，你就會發現他做的事情非常有效。喜歡他的選民，就是喜歡他的直言不諱。所以無論他是否眞的不客觀，他的邏輯網對自己而言都是有利的。

　　而我認為，川普其實對大眾的心理有很深刻的認識，他知道大眾愛聽的不是客觀真相，而是能大膽表現出領導自信的風範。他根本不在意反對者眼中的客觀邏輯，而是怎樣對自己有利、怎樣才能塑造「我非常棒」的形象，他就怎樣發言——他其實深刻理解說服人心的客觀邏輯。

　　總而言之，表面看起來正確的邏輯，不一定就是好的邏輯，好壞是相對於個人的期望而言。喜歡邏輯思考的人常犯的錯誤，就是把真相看得太重要，把好壞看得太絕對。但其實真相對個人來說，未必真的那麼重要。

　　那麼，有什麼方法可以保證自己的邏輯客觀正確呢？

　　數學可能是最接近的答案，但對一個成年人來說，學習數學的成本和門檻都比較高。另一個比較好的方法，是**培養自己的科學素養**。例如，學習統計和機率的基本概念，或是認識科學研究的方法論，這些知識都對客觀思考有很大的幫助。

　　如果你並不擅長數理，多看科普書籍也是很好的路徑。科普書籍通常會將知識點的邏輯脈絡梳理清楚，告訴你書中的結論是怎麼推導出來，以及科學的結論是如何驗證的。

　　這些知識都能提升你的科學素養，讓你更能分辨什麼是真科學、什麼是偽科學。只要時常瀏覽這些知識，你的邏輯網路也會變得更客觀、更有條理。

編織自己的邏輯網：6W1H

到這裡，我們已經了解邏輯網是什麼，對邏輯的好壞也有了大致的判斷。是時候談談，到底該如何編織屬於你的邏輯網路。

如果邏輯是一張網，每一個點都是一個知識點，那麼連接點和點的線又是什麼呢？

我認為，這些線可以分成 7 種，每一種線都對應著一個我們熟悉的疑問詞：What、Who、When、Where、Why、Which、How。

你可能已經知道，這就是著名的「6W1H 模型」，而它們是英文裡僅有的 7 個疑問詞。也就是說，在英文世界裡，無論你問什麼樣的問題，都繞不開這 7 個詞的運用。

事實上，如果你要釐清一段資訊，或者一件事情，你只需要得到這 7 個問題的答案就可以了。因為它們在空間上，對應著「人」、「事物」和「地點」；在時間上對應著「何時」、「發展過程」、「前因後果」和「發展的其他可能」。

無論你是要描述任何事情，還是要理解任何事情，釐清這 7 個問題就足矣。同理，在任何人的邏輯網路裡，所有連接知識和知識的線，都必定是由這 7 個疑問詞組成。

說到這裡，「如何編織邏輯網路」的答案已經呼之欲出——那就是去思考這 7 個問題。

最多人缺乏思考的「Why?」

我們還是用銷售這件事情來舉例，因為這個例子比較直觀。

如果一位銷售員要釐清自己的銷售情形，首先要問的是「What?」（賣的是什麼產品）、「Who?」（要賣給誰）、「When ？」（在什麼時候賣）、「Where?」（在哪裡賣）、「How?」（要用什麼方法來賣）、「Which ？」（要用哪一套方法、賣哪一個產品），還有「Why?」（為什麼我要這樣銷售，為什麼顧客要向我購買）。

而在這 7 個問題裡最重要，而且是最多人忘記去思考的問題，就是「Why?」（為什麼）。事實上大多數情況下，我們只要問為什麼就已經足夠。

這不是因為前 6 個問題不重要，而是因為「為什麼」是一種「元問題」，也就是「問題背後的問題」，能讓其他 6 個問題更深刻。

比如說，當你釐清了「Where?」，並決定要在商場 A 賣產品之後，你可以再追加一句「Why?」：為什麼我要在商場 A 賣產品。原因可能是商場 A 有更多符合的目標客群，因為過往的數據顯示，這類人比較偏好我們家的產品，該商場與產品的調性吻合。

和單純問「在哪裡賣」相比，追問「為什麼」會讓你對自己的

決策有更清晰的判斷，並意識到自己的決策到底有沒有邏輯依據。

What 產品：昂貴的果汁機

Who 人物：家庭主婦

When 時間：平日上午

Where 地點：商場 A

How 如何：圍繞產品的功能解說

Which 選項：主推抽成高的大型，中型和小型次之

Why 為什麼：不知道？

在上面列舉的那一堆問題裡，任何一個銷售員都可以清楚地告訴你前 6 個問題的答案：我賣的是什麼產品、在哪裡賣、什麼時候賣，這些都是一到職後公司就能馬上教給你的東西。

唯獨「為什麼」這個問題，並不是一位乖巧員工必須知道的東西，也不是大多數人會在意的東西，所以很少會有人告訴你。

但對個體來說，恰恰只有「為什麼」這個問題最重要。因為前 6 個問題已經有現成答案，而如果大家都按照現成的那套方法來做事，大家就會一起平庸。而只要你開始問為什麼：為什麼我的產品是這個樣子？為什麼我的目標客群是這個樣子？你就會進入比一般人更深的層次。

　　原來，這台果汁機昂貴的原因在於它很安靜、很優雅，但是一般的家庭主婦其實不在意它安不安靜，小孩去上學、老公去上班，是怕吵到誰呢？那到底有誰會在意果汁機是否安靜呢？

　　想要在辦公室喝果汁的上班族，想要在健身之後來一杯果汁的人，是那些關注健康的中產階級。更具體來說，為什麼他們會需要喝果汁呢？因為果汁的味道清爽，因為喝果汁能促進健康、補充營養……嗯，最後一個原因好像不錯，那能不能以此為契機展開銷售？例如，當你每天工作感覺疲憊時，就用這台果汁機優雅地打出一杯清爽的果汁，比喝咖啡更能吸收到豐富的營養素，這個切入點好像不錯。

　　那既然目標客群不一樣了，是不是應該換一個地方銷售？例如有大型健身房的商場 B？主要推薦的型號，也改為小型；銷售的時間當然是週末，但也可以試著排在平日的中午休息時間和下班時間。

　　What 產品：安靜的果汁機

　　Who 人物：關注健康的中產階級

　　When 時間：週末一整天

　　Where 地點：商場 B

　　How 如何：主打「工作時間補充營養」的點

　　Which 選項：主推小型

就像這樣，當你對現有的那一套問為什麼，就有可能浮現一系列更正確、更深刻，而且與他人有所區隔的判斷。這呼應了我們前面章節所說的：先問為什麼，再問怎麼做，就能導出不一樣的方法路徑。

5W1H + WHY

看到這裡，你可會被諸多問題弄得昏了頭，所以在這裡為你重述一些核心觀點：

- 在我們的日常生活裡，大多數時候前 6 個問題都有現成答案，只有第 7 個問題「為什麼」相對缺乏答案。
- 當我們問為什麼的時候，不要盲目地發問，而是要針對現有的那 6 個答案進行追問，在每個問題追加「為什麼」。

What + Why = 為什麼這件事是如此？

Who + Why = 為什麼要選這個人？

When + Why = 為什麼要在這個時候？

Where + Why = 為什麼要在這個地方？

How + Why = 為什麼要這樣做？

Which + Why = 為什麼要選這個？

這就是爲何我會告訴你，任何事情只需要問「爲什麼」就足矣。因爲你當下經歷的事、遭遇的人、身處的時空，都是現成的，只有「爲什麼」這個問題，需要你透過思考去發掘。當你不斷問「爲什麼」，就等於釐清了其他 6 個問題的深層含義。

What else? (還有什麼)

這裡還有個小提醒：不要只問一次「爲什麼」。可以的話，請嘗試培養連問三次「爲什麼」的習慣。

它可以是「Why? Why? Why?」三次；也可以是「What + Why、Who + Why、How + Why」的三連問，例如剛才銷售員的例子；更可以是「Why? What else? What else?」就像蒙格的多元思考。

如果問「爲什麼」等於累積深度思考，那麼問「What else?」（還有什麼原因），就是在累積多元思考。

世界上很多事情的發生，都不會只有一個原因，而是多個原因的共同結果，而思考「Why? What else? What else?」，就能幫助你看清事情的整體樣貌。

　　現在，回到我們一開始問的問題：如何編織屬於你的邏輯網？答案很簡單，只要持續不斷地問為什麼，在日常裡養成追問「為什麼」的習慣，邏輯就會以你為中心點，慢慢地編織成網。

　　下一章，我們會開始進入〈換位思考〉，將帶你了解換位思考的三個工具、路徑，以及同時提升 EQ 和同理能力的方法。

column

邏輯思考的訓練方案

一、每當你意識到自己要做選擇／決策，或對某個人、事、
物下判斷時，先按捺住第一反應，問自己以下問題的
其中一組：

- 深度三連問（一）：Why? Why? Why?

- 深度三連問（二）：What & Why?
  Who & Why? How & Why?

- 多元思考：Why? What else? What else?

要中斷日常進行三連問實際上很難實踐，因此建議在
日常裡至少問一次「為什麼」。只要保持追問為什麼，
就能透過時間的推移，累積追問更多的「為什麼」。

只有針對某些特別重要的工作、決策、專案，才提醒
自己要抽出時間試著三連問。

二、每日通勤／任何空閒時間 30 ～ 60 分鐘，透過閱讀、
聽書學習新知。

★訓練方案只能當作參考，你需要自行斟酌選擇一個或多個思考力進行修煉，規劃時間。

換位思考

——「好的藝術家抄襲，偉大的藝術家偷。」
——「偷什麼？當然是偷思考。」

—— 3-1 ——

不用溝通，
就能窺探他人的思考

在上一個章節，我們談到了每個人的邏輯網都不同，所以在看問題的時候，不同的人會透過不同的邏輯依據，導出不同的結論。

我們分別以偵探和道士為例，提到他們在觀察一頂帽子的時候，會依據各自的邏輯導出截然不同的結論。

那麼問題來了：既然我和你的邏輯網如此不同，經驗也如此不同，那麼我們該怎樣去理解他人的思考呢？

我們不妨延續道士和帽子的例子。假設道士放下自己那一套，不用道術的角度去觀察那頂帽子，而是假想自己是一位偵探，然後拿起放大鏡從細節出發，對帽子的各種特徵做出推理——這就是典型的換位思考操作流程。

那麼，接下來他會得出什麼樣的結論呢？他會和福爾摩斯得出一樣的結論嗎？。答案是不會。

　　道士可以看出這頂帽子被修補很多次，並猜測這對主人來說很有意義；但如果道士不知道裁縫的手藝和價格，也不懂強迫症如何定義，他必然無法得出和福爾摩斯相同的結論。

　　問題又來了：你認為道士這次的換位思考，算是成功了嗎？

　　我也問過我的學員這個問題，有人說成功，有人說不成功。而我給出的回答是：道士的換位思考成功了。但他可以再做得更好。而這就是我們在本章要討論的問題：如何做好換位思考？

　　請注意這裡的用詞，是把換位思考「做好」，而不是「學會」換位思考，因為除非有自閉症之類的先天因素，否則人從小就自然懂得換位思考。對成人來說，只要你能把自己過去的經驗暫時放下，想像自己是另一個人，你就已經算是懂得換位思考了。

　　換位思考並不難。真正難的地方，在於怎樣把換位思考做好、做得準確。還是那句：思考是人人天生就會的事情，但那不代表人人都擅於思考。換位思考也是同樣的道理。

　　在本章中，一共會提供你三種換位思考的路徑、流派：

1. **體驗派**：體驗派認為要達到真正感同身受的換位思考，你就必須真的體驗過對方的處境。

2. **分析派**：透過分析分解的方式來推導別人怎麼想。
3. **知識派**：從已有的知識出發，透過推理的方式進行換位
   思考。

第一種換位思考：體驗派

演員增進演技的方法有數種，而其中佔少數，卻最常被大眾津津樂道的技巧稱為「方法演技」（Method Acting）。這也就是我們經常在媒體上看到的，那種需要在現實生活裡把自己變成劇本裡的角色，以期望達到身心都沉浸在角色裡面的技巧。

例如，一個演員被要求演出一個窮困潦倒的窮人角色，那麼按照方法演技，他就需要親自經歷一段窮困潦倒的生活，試著體會窮人的甜酸苦辣，直到他覺得自己真的幾乎成為那個角色。

也就是說，這種演員的換位思考不只是心理上的，更是行動上的親身體會，他們讓自己的身體也一起體驗角色所處的環境。而這種方法演技的技巧，就屬於體驗派的換位思考。

但為什麼要做到這個地步呢？為什麼要演個窮人角色，還得先過上窮苦的生活呢？

因為體驗派的底層邏輯認為：一個不懂游泳、不曾游泳的

人，不會明白游泳的快樂。當你親身經歷過對方的處境，你才能真的理解對方的感受。

聽起來很合理。但是體驗派也有他的弱點，那就是成本很高。你需要花很多的時間和精力，才能真正體會到一個和你完全不同的人，他所面臨的情景、他的感受到底是如何。

身體感受影響你的思考

當然，我們也不用像專業演員一樣極端，如果我們的目標只是要提升日常或工作上的換位思考能力，只需要稍微親身體驗就足夠。

比如說，男性要怎樣理解女性懷孕時的感受？

這件事肯定沒辦法親身體驗。而就算是女性，如果沒有真的懷孕過，也很難真切理解孕婦的感受。

因此我們只能假裝自己懷孕。比如在肚子上綁上一綑棉花加一顆籃球，然後試著這樣行動一兩天，在睡覺的時候也帶著。這樣或許就可以模擬出孕婦的一部分感受。

又比如說你是個記者，想報導在貧窮線下生活的人們的真實感受。你不用真的辭職去當窮人，只要不帶錢包在外流浪 48 小時，就能體會那種無助感，你對他們的理解也會比單純採訪來得深刻。

有一家名為 IDEO 的設計公司，他們有許多專案都利用了體驗派的換位思考。例如，曾經有一家醫院請 IDEO 為他們重新設計醫院，以提升病人的住院體驗。開會的時候，院方以為設計師會向他們展示簡報，然後建議他們改動房間和地面的構造。

結果設計師卻在會議上展示了一個 6 分鐘長的影片，影片的鏡頭一直對著天花板，會議裡的人光看著都覺得鬱悶。原來，這是設計師以病人的身分，親自到醫院躺了一天拍下的片段。

設計師建議院方，當你一整天都只能躺在床上，看見的畫面就只有天花板，所以裝修的重點應該要放在天花板。而這一個設計故事，也在後來為眾多設計師津津樂道，因為它點出了一個經常被大家忽略，但又很直接有效的換位思考方式。[1]

體驗派的換位思考，概括來說就是透過「移動身體」來達到換位思考。先親身體驗對方的處境，然後再從中感受對方的感受。

看到這裡，可能有人會覺得無奈。按照體驗派的思路，如

1　參考：A Hospital Centered on the Patient Experience
　　https://www.ideo.com/case-study/a-hospital-centered-on-the-patient-experience

果你想知道自己的老闆怎麼想，難道你只能先成為老闆嗎？

並非如此。換位思考的方法有三種，體驗派是最直接、最真實的一種，所以當情況允許我們用身體去體驗感受，就先試著移動身體吧。改變自身所處的環境，讓自己的身體和感官接收不同資訊，會深刻改變你思考的結論。

這種「身體的感受會左右思考」，專有名詞稱為「體化認知」（Embodied cognition，又稱具身認知、具體化）。對這一點有興趣的讀者，可以在書後的延伸閱讀找到參考資料。

那如果你的情況，並不允許你透過親自體驗來換位思考呢？沒關係，我們還有兩種換位思考的方法。

第二種換位思考：分析派（思維盜取）

接下來，我們就來談談第二種換位思考：分析派。你也可以將這種方法稱為「思維盜取」。

顧名思義，思維盜取不是用來理解別人的感受和情緒，而是用來盜取別人的思維。當然，這裡必須先說明，我們不可能完美盜取任何人的思維，這裡的思維盜取專指「做事方式的盜取」。

而要了解思維盜取，我們就得先從藝術這個主題開始說起。

　　請看這幅梵谷的畫作。我希望你能嘗試換位思考，想像你就是這幅畫創作者的梵谷，身處在 1880-1890 年的法國。現在，請你試著說說看你是如何畫出這一幅畫的。

圖 3-1：《自畫像》（梵谷，1887）。**2**

※ 彩色原圖敬請參考註解之連結，或以圖畫名稱上網搜尋。

2　"Self-portrait", 1887, by Vincent Van Gogh, https://www.artic.edu/artworks/80607/self-portrait

很難對吧？除非你本身就有畫過類似的油畫，或是有藝術底子，否則你會覺得腦袋一片空白，什麼都想不出來。就算你知道這幅畫來自梵谷，能想像出梵谷的樣子，但如果你完全不了解他的個人，又怎麼可能從他的角度思考呢？

我們來試試看換一個方式，換另一個問題：請看看另一幅畫，並列舉這兩幅畫的共同點。

圖 3-2：《傑克島的星期天下午》（秀拉，1884）。**3**

3　"A Sunday on La Grande Jatte", 1884, by Georges Seurat, https://www.artic.edu/ artworks/27992/a-sunday-on-la-grande-jatte-1884

　　如何呢？我曾經給我的學員做這個練習，他們大多數都說這兩幅畫沒有什麼共同點。我告訴他們：兩幅畫都有顏色、有光暗、有景深、有形狀、有背景、有曲線、有直線、有對比、有粗細、有筆觸。

　　當時有人說，喔，原來是腦筋急轉彎！我說不是，你要把兩個非常不同的畫作放在一起，才能找到這些幾乎每一幅畫裡面都會有的共同元素。

　　古往今來的每一個畫家，無論是不是大師，都離不開這些元素，所以這些元素非常的重要。而既然每一幅畫都一定會有這些元素，那我們從這些元素出發，一個個地切入分析畫畫的創作，會不會就因此能一窺創作者的畫畫方式呢？

　　比如說，剛才這幅梵谷的畫，我們因為不了解梵谷，沒聽過他解釋自己的創作過程，所以我們無法透過換位思考進入他的世界。況且人的心理是很抽象的，畫畫又是一門深厚的學問，這個問題太大了。

　　但如果我們把這一個大問題拆解成一個個小問題，一步步進行分析，這一項任務的難度係數就會降低許多，答案可能就會慢慢浮現出來。

　　這幅畫是怎麼畫出來的？這個問題太大了。但如果只從形狀開始呢？你可以分析它的形狀怎麼畫，不管其他的，就只是研究它的形狀。就算沒有畫畫的底子，不斷在紙上折騰、花點

時間也還是做得到的吧？

如果你掌握了形狀這個元素，下一步可以進到顏色。你只須準備好油畫的顏料，在畫紙上不斷嘗試摸索，調配出和這幅畫幾乎一樣的顏色。

以此類推，只要一個一個攻克這些基本元素，就能慢慢獲得畫出這幅畫的方法，完成思維盜取。

可能有人會說，這樣不就要花很多時間和功夫，才能換位了解到他的畫畫方式嗎？

沒錯。對方是底子深厚的大師，不可能輕而易舉被學會。但比起一開始的腦袋空白，思維盜取提供了切實可行的路徑，去獲得一個素未謀面之人的畫畫方法，成功達到有結果的換位思考。

好的藝術家抄襲，偉大的藝術家偷

為什麼思維盜取可行呢？因為大腦處理不了大問題、抽象的問題，但卻很擅長處理具體的小問題。而思維盜取的操作，本質上就是把大問題、抽象的問題，拆解成多個具體的小問題，再逐一攻克的方法。

體育界的選手訓練也是一樣。教練不會告訴選手，你要成為像某某人那樣出色的運動員，讓選手光憑想像訓練；而是會

拆解需要鍛鍊的關鍵動作，讓選手逐一攻克每個動作。

另外，除了分析單一畫作，你還可以找到梵谷的其他畫作，把它們放在一起看，你會發現他使用那些關鍵元素的方式存在一定脈絡。當你一一去研究他使用這些元素的方式，顏色、光暗、對比、筆觸，掌握之後再用這一套方法去創造另一個主題的畫，就能達到更進一步的思維盜取，更深刻地掌握他的畫畫方式。

舉畫畫當作例子，有些人可能會覺得很難理解，因為我們剛才走過的思維盜取流程，乍看之下，不就是透過臨摹他人的畫作來學習畫畫嗎？這豈不是每個畫畫初學者都懂的事嗎？

其實其中有個很大的差異：大多數學畫畫的人，都是在無意識地臨摹練習、無意識地照抄，而我們剛才走過一次的思維盜取，則是有意識地分析解讀。這種分析解讀的方法，可以延伸到我們的日常和工作，而且得到的啟發會遠大於盲目的照抄。

畢卡索有一句被大量引用的名言：「好的藝術家抄襲，偉大的藝術家偷。」（Good artists copy, great artists steal.）我們剛才走過的流程，就是這句名言裡的「偷」的具體流程。也是思維盜取這個名字的靈感來源。

把大問題拆解成小問題

我們換另一個例子來說明怎樣思維盜取。假設，你是一個 YouTuber，你想提升自己的知名度，那麼你可能想到，可以直接參考人氣高的、和你同一類型的 YouTuber，看他是怎麼做的，然後參考他的風格拍攝影片。

但你一方面又擔心，這會讓你變成一個徹底的模仿者，失去自己的獨特風格，所以你想要對這些 YouTuber 進行盜取，以獲得他們製作出人氣影片的方法思路。你可以分析他們影片中的關鍵元素，將其用來搭配你的個人風格。

按照剛才分析繪畫的方法，你先找到兩個完全不同性質的超人氣 YouTuber，例如一個專做開箱、一個專拍美食。你將他們各自觀看數最高的影片擺在一起，想想其中有什麼共同點——可能包含：主題、標題、封面、影像、場景、人物、聲音、開場、收場、要點、時間長度、節奏、鏡頭等等。

當我們列舉了影片的共同點，就等於完成了問題拆解，把一個抽象的大問題，拆解成了若干具體的小問題。針對每個基本元素進行簡單的分析後，你會發現這兩支影片的架構變得一目瞭然。就算你不可能一下子就拍出相同品質的影片，你也會因此而知道自己要怎樣開始、怎樣構思和編輯出類似的影片。

透過這項練習，你會發現：一旦你將「製作 YouTube 影片」這個大問題拆散成小問題，就會發現它其實很簡單，幾乎所有 YT 影片都可以用這個框架分析解讀，你可以立刻獲得影片的形式。

有一句俗語是這麼說：「外行看熱鬧，內行看門道。」在思維盜取之前，你只能以外行的角色讚賞那些好看的影片；而在思維盜取之後，你就能迅速從外行人的視角換位到內行人的視角。

當然，框架裡的每個元素都是更細的領域，比如鏡頭角度怎麼調整、內容要點怎樣規劃、影片選題如何考量，這些元素都需要進一步學習，不可能一步登天。

但隨著分析的次數和你分析的影片種類增加，你可以不斷在這個框架裡找到更細膩的影片共同元素，使它變得越來越精準，你的眼光也會越來越內行。

另外，一些切得還不夠細的元素，你也可以進行第二次分析。比如說「要點」原本只有含糊的總結，但你還可以進一步分析兩支不同影片有什麼共同點？有呈現、有頻率、有數量、有規則，找到這些共同點再進行一次分析，就能得到更細膩的總結。

思維盜取也有高低之分

好了，現在假設你完成了一次思維盜取。你分析出了梵谷畫畫的方法，那ｚ你思維盜取的結果，眞的就是梵谷的眞正本意嗎？卽使你能用和他一樣的風格來畫畫，但這能代表你瞭解了他的中心思想，釐清了他會這樣作畫的原因嗎？

很可能沒有。思維盜取的結果，通常盜取的是他如何做事的結果，而至於爲什麼這樣做、用意是什麼，我們仍然只能主觀猜測。思維盜取只能幫助你獲得做出這件事的思維，但無法讓你知道創作的心理動機和用意。你甚至無從得知爲什麼他的方法有效，也不知道自己是否眞的盜取了對方的全部方法。

就算你將梵谷的思想分析得頭頭是道，也未必眞的是他畫出那幅作品的本意。他搞不好只是單純憑感覺認爲「這樣畫才對」，他自己也解釋不出原因。

所以當我們利用思維盜取時，必須釐清這個方法的侷限，不要用它去追求創作者的本意，也不要追求完美複製別人的思維，而是要用它來分析別人的成功。你的目標在於獲得別人的經驗，以豐富你自己的知識，最後你還是要用自己的方式去做好那件事情。

到這裡，你應該已經掌握思維盜取的原理和操作方式了，這裡我再補充幾點。

首先，思維盜取也能用在其他領域上，例如用來分析商業案例、行銷案例、軟體程式、投資策略、歷史事件等等；也可以用來拆解各種問題，甚至用來構建分析模型。

另外，思維盜取也有準確度之分，有些人的思維盜取可以成功得出創作者的方法，有些人則不然。決定準確度高低的因素，就是你所具備的相關知識。

前面說過，所有的推理都要有根據、有知識，所以一個廚師在思維盜取另一個廚師的做菜方法時，肯定會比一個門外漢更準確、更深刻。

比如，在對兩道不同的菜找出共同點的時候，廚師可以想到比門外漢更多更細的共同點。門外漢可能只能列出甜酸苦辣之類的共同點，廚師還會考慮到火候、鍋氣、鮮味等等，在分析的時候能夠更具體、更準確。

又比如，當你要思維盜取一幅畫，關於藝術的知識就能提高你的準確度；當你要思維盜取成功行銷的模式，那麼所有關於行銷的知識，都能提升你的準確度。

所以說，知識是任何思考的基本盤，連換位思考也不例外。而關於這一點，在下個章節介紹的知識派換位思考，會有更詳細的解說。

重點整理 ●●●●●●●●●●●●●●●●●●●

總結一下，我們談到了換位思考可以分成三種，而這一個章節我們介紹了前兩種。

①體驗派的換位思考

這一派的人認為，只有當你親自體驗過那個人所經歷的事情，你才會明白他的感受。比如說，你必須親身體驗過游泳，你才能明白游泳的快樂。

體驗派的換位思考追求的是最真實的體驗經歷，如果情況允許你透過移動身體的方式換位，那麼這會是最深刻的換位思考。

②分析派的換為思考（思維盜取）

思維盜取的方式很簡單，找到該領域裡幾個不同的成功案例（最好看起來差異很大），然後列出這些案例的共同點。這些共同點就是基本元素，只要從這些基本元素著手，逐一分析對方是怎麼處理這些基本元素，就能得出對方做事的思維。

注意：如果想提升思維盜取的準確度，關鍵就在於你的專業知識。你盜取的目標和你的專業越相關，盜取的準確度就越高。

所有的推論根據，都來自你的知識。你有怎樣的知識，就能做出怎樣的推理，也就能做出怎樣的換位思考。

—— 3-2 ——

向最擅長換位思考
的職業學習

在上一個章節，我們談到了換位思考的三種方式，並介紹了體驗派和分析派的換位思考，而接下來我們要講的是第三種：知識派。

在知識派的換位思考裡，有一個職業特別值得我們借鑒，那就是小說家，因為小說家可能是全世界最擅長換位思考的職業。

你想，一本小說裡有那麼多角色，但每個角色卻都出自同一個大腦，這意味著小說家需要在自己的想像之中，不斷地在數個角色間換位，頻繁地模擬角色之間的互動。這樣比較下來，像演員那樣的體驗派換位思考就顯得比較單一。

第三種換位思考：知識派

那麼，小說家是怎樣辦到這一點的呢？如果按照演員的方式，假設一本小說裡有 10 個角色，那小說家不就要體驗完所有 10 個角色，然後才能把他們的細膩情感寫出來嗎？

這種做法不是不行，但太花時間。所以小說家只能用另一種方式來換位思考，那就是：**邏輯推理**。

比如說，當小說家在創造一個虛構的角色時，他可能會為這個角色寫一個人物設定簡介（Character Profile），簡略地交代人物的背景、性格、愛好和主角的關係等等。

乍看之下這些人物的元素是憑空杜撰，但其實那都是小說家從觀察他人的經驗中所得、對人類心理和人性的看法。然後他會以這個人物設定為大前提，想像他在故事裡要產生怎樣的反應和行為才算合理。

功力比較深厚的小說家，能夠讓這些人物在自己的想像中活了過來。你是否有過這樣的經驗：因為跟某個朋友或家人太過熟悉，以致於有時在對方開口之前，你就已經知道他下一句話要說什麼——這就是人物在大腦中活了過來的感覺。

與體驗派的演員不同，小說家並不試圖親自體驗角色的真實感受，但他們會比一般人更細心觀察不同人的行為和心理，在日常生活中經常留意他人的行為和反應。這些觀察會成為他

們日後創作故事的依據，是他們能夠輕鬆換位思考的基本功。

如果用游泳來做個比喻的話，知識派的換位思考相信：不需要親自游泳，也能知道你在游泳時會感到快樂；只要看你在游泳時的表現，就知道你是否快樂了。

同理，精神科醫生不需要體驗病患的痛苦，也能診斷出患者罹患了什麼樣的病，會表現出什麼樣的症狀。

在日常生活中，我們會對其他人說，你又沒經歷過我遇到的問題，你怎麼會懂我的感受？但我們並不會對醫生說，你又沒有得過這種病，你是憑什麼推斷別人罹患哪種病呢？

我們不會這樣質疑醫生，是因爲我們知道醫生具備專業知識。即使他並沒有親身經歷，仍然可以透過知識推理出患者是處於怎樣的狀態。

所以千萬不要因爲一個人沒經歷過某種體驗，就小看他能透過知識推理達到的換位思考。

知識推理的力量

在 1946 年，美國出版了一本叫《菊與刀》（The Chrysanthemun and The Sword）的人類學書籍，作者露絲・潘乃德（Ruth Benedict）是個土生土長的美國人，她在

這本書裡頗爲準確的描述了那個時期日本人的國民性格、思想和文化，據說這本書連當時的日本學者看了都覺得很有學術價值。這本書相當著名，你可能也有聽過它的名字。

但你知道嗎？這雖然是一本描述日本人的書，但作者潘乃德卻一次都沒去過日本。她寫書的時候正值第二次世界大戰，所以她想去也去不了，只能待在美國，透過訪問旅美日本人、看日本電影、閱讀相關文獻等方式，用這種知識推理的換位思考，來了解遠在天邊的日本人心理，並寫成了這本書。

這本書出版後的影響力很大，影響了日本戰敗投降後，美國對日本的接管政策，比如保留日本天皇這個方針，就是受到該研究的影響。

當然，七十多年前寫成的《菊與刀》放到現在，肯定已經過時了。現在你再看這本書，可能會發現許多不準確的描述。但這裡想強調的是：即使作者沒當過日本人、沒有親自去過日本，也從未置身於亞洲文化，依然能夠寫出這樣的書籍。這恰恰說明了，人透過知識推理，能夠達到多麼出色的換位思考。

而事實上，我們平時最常用的換位思考，也出自知識推理。

想像這樣一個情景：有一個女生對她的男友說「你根本不懂我有多痛苦！」男生可能會反駁「我當然懂啊！」在這裡，他們兩個人想的其實是不同的意思——女生說的感受是親身體會的感

受，男生的了解則是透過推理得出。

那這個男生到底要怎樣做，才能更加了解另一半的感受呢？他無法變成她，也無法經歷她的過去，所以他只能透過推理。

他需要在日常生活中留心觀察另一半的一舉一動，她的反應、喜好、堅持、遭遇過的事，以及她的各種反應和情緒。久而久之，他對另一半的了解會變得更加準確，甚至能夠預測對方在面對各種情景時會出現的情緒。

所以當這位男生說他懂對方的感受時，儘管不是來自切身的體驗，他也可以一定程度地想像出來。

我們在日常生活中也是這樣的。當我們想了解一個人，也會透過蒐集和對方相關的資訊、知識，再以此推理出對方的想法和情緒。我們最常用的換位思考，其實是知識推理。

而無論是精神科醫生、人類學家、小說家還是一般人，每個人的換位思考，其實都可以透過「學習知識」這個手段達到有效的提升。

如何提升換位思考的準確度？

具體來說，有三種知識對換位思考的準確度特別關鍵。

第一種知識是關於**特定個體的知識**。也就是我們剛才舉例

談到的，比如說，你和另一半相處，然後從他身上慢慢了解他的事情、他的過去、對未來的期待等等。久而久之，你就能從理解她的想法，變成能預測他會有怎樣的想法。

當然，這種知識要靠長時間朝夕相處才能獲得，因此泛用性不大。

第二種知識是**特定領域的專業知識**。我們前面舉過一個例子，一個道士如果想要像福爾摩斯那樣思考，那麼他就必須擁有福爾摩斯那樣的知識，才有可能得出和福爾摩斯相似的結論。

否則，即使他放下了自己那一套，成功地換位思考，也不會是準確的換位思考。

同樣的道理，如果你要像一個企業家那樣思考，你就必須擁有企業家相關的知識；如果你要像一個銀行家那樣思考，你就必須擁有銀行家相關的知識，以此類推。

這聽起來像廢話，但確實指出了換位思考的硬性限制。許多老闆期望員工可以站在老闆的角度思考，但是卻從來不肯透露老闆的相關知識，這就是不清楚換位思考的原理所致。

但這裡要討論的重點不是這個，而是一種泛用性更廣、能提升不同個體換位能力的第三種知識：**情緒的知識**。

提升情緒粒度

專門研究情緒的心理學家曾經研究過這個問題：一個人要怎樣才能增強自己的同理能力（對他人感同身受的能力）呢？

他們發現，那些同理能力很差、無法理解他人感受的人有個共同點，那就是他們的情緒粒度（emotional granularity）都很低。相反地，那些換位思考能力更高，更能理解他人感受的人，情緒粒度都比較高。[4]

什麼是情緒粒度呢？它指的是一個人掌握情緒概念的細膩程度，或可以說是「對情緒的敏感度」。

我們都知道，不同人對於色彩的敏感度也不同。比如說當看到某個顏色時，一般人只說得出這是藍色，但色彩敏感度高的人，可以分辨這裡有幾種不同的藍色。這些人通常是畫家或設計師，他們長時間和色彩打交道，因此色彩敏感度自然和一般人不同。

人在認知情緒的時候也是一樣。情緒粒度高的人，能察覺到更細膩的情緒、分辨多種不同的情緒；而情緒粒度低的人，則會把很多不同的情緒，都視為同一種情緒。

4　參考：莉莎·費德曼·巴瑞特：《情緒》（簡）（中信出版，2019）。

舉個例子，情緒粒度低的人，會用很單調的詞彙去描述他們對這三件事情的感受，「害怕下雨」、「害怕上班」、「害怕獅子」。

- 家裡的衣服還沒收，但眼看快要下雨了，這時他會說，我害怕下雨。
- 還有很多工作沒做完，上班壓力很大，這時他會說，我害怕上班。
- 在森林裡看到獅子的腳印，他會說，我害怕獅子。

擺在一起看的時候就能知道，同樣是害怕這個概念，「害怕下雨」和「害怕獅子」和「害怕上班」是三種完全不同的害怕。但情緒粒度低的人就是會下意識地用同一個情緒詞彙，來形容理應不同的情緒。

注意：如果像這樣把不同敘述放在一起，那不管是誰都能看得出差別。就好像色票一樣，如果把顏色都列出來，那大家都能輕易看出差別。

這裡說的是在一般情況下，情緒粒度低的人，會不知不覺地用同一個情緒概念來形容不同的情緒。

那麼情緒粒度高的人會怎麼形容這些情緒呢？他可能會說「我擔心會下雨」和「我想到上班就焦慮」和「獅子的腳印讓我嚇死了」。

再舉個例子，開心、高興、興奮、愉快、爽、輕鬆、過癮，這些情緒一樣嗎？憤怒、生氣、挫折、暴怒、不滿、不甘、怨恨是一樣的嗎？它們都不一樣。這些情緒有相似之處，但都是不同的情緒、不同的感受。

那些情緒粒度高的人，會習慣用這種比較細膩的詞彙來描述情緒；而情緒粒度低的人，則可能把這些不同的情緒，都形容成「開心」和「不開心」、「生氣」或「很生氣」。

好了，現在我們來想像一下，當一個人說我喜歡深藍色，但另一個人對色彩的敏感度很低的話，會發生什麼事呢？他的理解就會產生錯誤。

同樣的道理，一個對情緒敏感度低的人，想要進行換位思考，去理解他人的時候，會發生什麼事？可能對方感到很焦慮，也表現得很焦慮，但情緒粒度低的人卻誤以為對方在害怕。

也就是說，不管一個人多認真進行換位思考，只要他的情緒粒度太低，就無法準確捕捉到細微的情緒差異。相反地，如果一個人情緒粒度較高，要準確進行換位思考就相對容易。

而好消息是，情緒粒度可以透過後天的學習提升。

①學習新的情緒詞彙

提高情緒粒度的方法有很多種，體驗派的方法也是其中一種。但還有一個更方便、更快速的方法，那就是學習新的情緒詞彙。

舉個例子，在荷蘭文的情緒詞彙裡，有一個詞叫做「gezellig」，它的意思是「和朋友或愛人一起待在家裡時舒適安逸的感覺」。

無論是在英文或中文裡，都沒有特定詞彙能用來形容這種情緒感受。雖然很多人都曾體會過這種情緒感受，但卻從來不曾將這種感受視為一種獨立的情緒概念。

就像色票上的顏色，有很多我們一定在現實世界裡看過，但並不代表我們對這些顏色已經形成概念。而要將抽象的感受變成具體的概念，最好的方法就是為概念命名。

比如，在學會「gezellig」之前，你不知道原來這也是一種獨立的情緒。而現在你知道了「gezellig」這個詞彙的存在，那麼你下次經歷類似的情景和感受時，就會想說你感到很「gezellig」。

當別人說他想待在家裡陪家人而不想出去，你會知道那是因為他們覺得家裡很「gezellig」。

我們再舉另外一個例子。想像一下你走在街上，忽然有一個外國人向你問路，他想要去某家咖啡廳，但你也不太清楚

那個地方該怎麼走。不過你很熱心，所以提議幫他一起找，外國人說不用麻煩了，但你覺得他只是不好意思，於是硬拉著他走。

結果你們找了 15 分鐘，還是找不到那家咖啡廳，最後你們回到了原來的地方，才發現要找的那家咖啡廳就在你們一開始相遇的地方。它開在一個不顯眼的地方，所以你們剛才的 15 分鐘算是白走了。

不過，那個外國人還是很有禮貌地，面帶笑容的向你道謝，然後走了。

現在，請你試著描述一下，這個外國人發現你帶他白白繞路的時候，他產生了什麼感受？我問過我的學員這個問題，有些人說會感覺無奈、有些人說會假裝感謝，有些人則說自己還是會真心感謝。

但其實在日文裡面，有一個專門形容這種感受的詞彙，叫做「有難迷惑」（arigata-meiwaku）。意思是你不想麻煩對方，但對方硬要幫忙，結果最後幫了倒忙，你還是不得不表達感謝的心情

你是真心想感謝這位硬要幫你的熱心人士，但這種感謝的心情，又與平時那種情願的心情有所不同。

這樣的感受，你一定也曾體會。但是沒學過日語的人，就應該不會把這視為一種獨立的情緒。

　　而正是因為我們不知道有這種情緒，因此剛才讓你對那個外國人進行換位思考時，你就無法給出正確答案。你的答案可能和正確答案有所重疊，就像開心和興奮也有相同之處，但只有當你學習了「有難迷惑」這個詞彙，你才能準確描述、分辨出這種感受。

　　這就是為什麼學習新的情緒詞彙，能幫助我們做出更好的換位思考，因為新的情緒詞彙，能讓你準確地分辨出獨特的情緒。相反地，如果你不知道這個特定詞彙，你就無法在腦子裡描述這種情緒，它也就不會出現在你的換位思考中。

②看小說、學語言

　　而接下來的問題是，有什麼方法能學習新的情緒詞彙？

　　心理學家的建議是**看小說**。研究發現，閱讀小說有助於提升我們的同理能力，而且效果顯著，因為小說家會運用豐富的情緒詞彙來描述情節。[5] 當然，小說家的功力很重要，資深的小說家能把人物的心理描述得更細膩、豐富、真實，例如《冰與火之歌》的作者就屬於這類。

5　同前。

　　而年輕的網路小說家在這方面通常會薄弱許多，這是由人生歷練所決定的，所以年輕小說家的作品賣點多是新奇的故事設定，而非人物心理。

　　除了看小說，學習新的語言也有類似的效果。除了像剛才的例子，有些情緒詞彙只在特定語言出現，還有另外一個原因是：不同語言中的表達，即使詞彙的意義相同，心理感受也會有所不同。比如，「sad」和「傷心」相比，有人可能會覺得「傷心」帶來的感受更加強烈。

③重新思考情緒詞彙

　　除了看小說和學語言之外，還有一個增加情緒粒度的方法——重新思考中文裡的情緒詞彙。

　　前面提到，情緒粒度低的人會用單一的詞彙來形容多個情緒，而情緒粒度高的人會用豐富的詞彙形容各種情緒。但難道那些情緒粒度低的人，他們沒有學過「擔心」、「焦慮」這類詞彙嗎？他們不知道除了開心之外，還有興奮、愉快、爽、輕鬆、過癮之類的詞彙嗎？

　　他們當然知道，但是他們卻沒有這樣用。為什麼呢？一個合理的解釋是，因為他們不曾將這些詞彙和生活情景對接。

　　我們要知道，學習一個新情緒詞彙的時候，必定會用

到大量的情景描述。比如說，在解釋「有難迷惑」（arigata-meiwaku）的時候，我們先詳細描述了一個外國人問路的情景，讓你透過想像這個情景來理解「有難迷惑」的意思，讓你能瞬間理解這個詞彙的含義。

在你學習外語詞彙的時候，也會瀏覽許多關於新詞彙的例句，而這些例句絕大多數都是在描述某個情景。

心理學家也做過實驗，他們讓受試者看某個演員擺出來的恐懼表情，然後讓受試者猜這個演員正在經歷何種情緒，結果猜錯的人很多。但如果除了演員的恐懼表情之外，再給受試者看一個有血跡的場景，那麼絕大多數受試者都猜得出來演員是在表現恐懼。**6**

也就是說，當我們把人物和他當時所處的情景結合起來看時，我們的換位思考準確度會急遽上升。

所以要真正地內化吸收一個情緒詞彙，就必須要將這個情緒和情景連接起來，學習情緒詞彙，是繞不過情景的描述的。

這也正是為什麼看小說能增加情緒粒度，因為小說本身就有大量的情景描述，可以幫助你將情緒詞彙和某個情景對接，這可以加深你理解已知的情緒詞彙。

6　同前。

練習：情緒細膩化

同樣的道理，我們也可以手動為自己的情緒詞彙和情景進行對接練習。這樣的練習可以稱為「情緒細膩化」。

STEP 1 拿出一張紙，在紙張正面寫下 5 個你知道的情緒詞彙

你也可以將書裡、字典裡看到的詞彙寫下來，然後試著找出不同情緒詞彙的差別，以及這些情緒的出現情況。比如，快樂、愉悅、興奮、爽，這些都是相似的正面情緒。

STEP 2 針對這 5 個詞彙提出對應的描述

例如：像收到禮物那麼「快樂」；像在派對那麼「興奮」；像完成目標那麼「愉悅」；像坐雲霄飛車那麼「爽」。

STEP 3 在紙張背面也寫下這 5 個情緒詞彙，邀請別人提出描述

你可以比較和討論兩人之間的差異，交換你們對同一個情緒詞彙的不同看法。比如說，你會用「今晚開派對」來形容興奮，但對方可能會用「學到有趣的新知識點」來形容興奮。

你會在練習中發現，就算是一個很普通的詞彙，每個人所對接到的情景也可能很不一樣。這能幫助你進一步發現，原來這世界上有那麼豐富細膩的情緒。

另外，提升情緒粒度除了能讓你有更好的換位思考，還有益心理健康。相關研究顯示，情緒粒度高的人，調節自身情緒的靈活度也更高。也就是說，他們更會轉變、控制自己的情緒，也通常會有更高的 EQ（情緒智商）。

對此，合理的解釋有兩個：第一，當你的情緒粒度高、換位思考能力高，就會更容易對他人產生諒解，別人的行為也就更難影響到你。

第二，當你能細膩地辨認出不同的情緒，就不會將自己的感受套入不正確的概念，比如，當某件事情讓你感到「不甘心」，你知道那不是生氣的感覺，所以你並不覺得自己生氣。而情緒粒度低的人，可能會無法分辨「不甘心」和「生氣」的差別，將「不甘心」誤以為「生氣」，結果真的就感覺到生氣。

另外，研究還指出，情緒粒度高的人可能過得更幸福、更少生病，也更少罹患精神疾病。而且整體而言，他們的社交能力也更傑出。[7]

也就是說，增加情緒粒度這個動作，就能一次增加你的EQ、換位思考能力、身心健康、社交能力和情緒調節的能力。

7　同前。

　　理解換位思考後，我們會開始進入〈創意思考〉。在下一章中，你將了解到快速產生創意的方法，以及人類思維的硬性極限到底在哪裡。

重點整理 ● ● ● ● ● ● ● ● ● ● ● ● ● ●

知識派換位思考的核心思想是：和換位對象相關的知識越豐富，換位思考的結論就越準確。你之所以會覺得自己無法理解某個人，通常是因為你沒有關於他的相關知識。

• 提升換位思考的關鍵知識：①針對某個個體的知識、②針對某個專業的知識、③最廣泛的情緒知識

關於情緒，心理學家的研究指出，情緒粒度越高，同理能力就越高。而情緒粒度可理解為我們日常裡使用的情緒詞彙總量。

情緒粒度是可以提升的。提升情緒粒度，有助於增加換位思考能力和自我的情緒調節能力，其他好處還有身心健康、社交能力更佳。

• 提升情緒粒度的方法：①看小說、②學外語、③反思你已知的情緒詞彙

總的來說，知識派換位思考並不強調思考的方式，而是強調日常的觀察和學習。因為知識派延續了我們〈邏輯思考〉的思想：沒有知識，就沒有邏輯；同樣地，沒有知識，就無從換位。

科學研究表明，換位思考是人人天生就會的東西，而知識派換位的思想則認為，人們無法好好換位思考的因素只有一個—不是因為他不懂得換位思考，而是因為他並不具備相應的知識。

column

換位思考的訓練方案

一、每天上班／上課前 30 分鐘～ 50 分鐘

　　找到你想要思維盜取的兩個作品／案例，兩者最好有足夠大的差異，迅速的開始思維盜取：

　　1. 寫下兩者的共同點，這些共同點是關鍵要素。

　　2. 簡單分析兩者如何運用這些關鍵要素。

　　3. 針對其中一個要素進行聯想，想想看自己會怎麼運用這個要素。

　　（補充：如果當天的思維盜取還沒完成，那麼可以在明天繼續進度。）

二、每日通勤／任何空閒時間 30 ～ 60 分鐘

　　閱讀有豐富心理描繪的經典小說；嘗試學一門新外語；亦可閱讀有關他國文化的著作。當遇到生僻的清晰詞彙時，嘗試將其對自身經歷過的處境進行聯想。

★ 訓練方案只能當作參考，你需要自行斟酌選擇一個或多個思考力進行修煉，規劃時間。

創 意 思 考

—— 所有的思考都可能成爲創意，
　　所有的創意都來自聯想。

—— 4-1 ——

偉大創意的誕生條件

在這個章節，要為你介紹「創意思考」。

我們不妨先玩個遊戲，請試著在紙上寫下這一塊磚頭（**圖 4-1**）有什麼用途？

圖 4-1：這塊磚頭的用處是什麼呢？

你可以盡量寫多一點，然後先將答案放在一旁。

現在我們先來想想另一個問題：思維到底是什麼？其實我下的定義很簡單。思維，就是思考的維度，或者說思考的角度。

當我們說要轉變思維、提升思維，聽起來好像很抽象，說白了就是「換個角度思考問題」、「增加思考問題的角度」，僅此而已。

但具體來說，「換個角度思考」到底又要怎樣操作呢？

舉個例子，如果我要為「大腦」這個器官下一個定義，那麼根據思考的角度不同，我可以得到幾個不同的定義：

- 如果我們用房子這個概念來思考大腦，我們可以說，大腦是靈魂或意識居住的地方。
- 如果我們用機械論（Mechanism）[1] 來看待大腦，我們會說，大腦是一個被設定好的機器，無法產生太大的改變。這其實是 19 世紀的主流看法。
- 如果用電腦的角度來看待大腦，我們會說，大腦是儲存和計算資訊的計算機。
- 如果用神經科學的角度來看待大腦，我們會說，大腦是

---

1 這種概念將自然界整體視為一個複雜的機器或工藝品，存在其中的部分間沒有聯繫。

生物的神經網路中心，能夠透過化學作用進行計算。

你可以發現：所謂的換個角度思考，其實就是將概念和概念聯想起來，例如將房子和大腦這兩個概念聯想起來，就可以產生「大腦是意識的居住地」這樣的看法。

換一個概念進行聯想，等於換一個角度看問題；而每換一個角度看問題，我們都會因而產生不同的看法、想法。當換的角度變多，我們看待問題的觀點就會變得全面，能夠獲得更多的想法，更少的盲點。

而當一個人總是能產生很多不同的想法時，我們會怎樣形容這個人？

我們會說，他是一個「有創意的人」。所以這裡想告訴你的是：所謂的「創意思考」，不過就是換個角度思考，或者更簡單的定義就是：**聯想思考**。

創意的本質是聯想

現在，我們先回到一開始的問題：磚頭有什麼用途？這其實是很典型的創意測試題，二戰時期的美國空軍就曾用這道題目來篩選優秀的飛行員，而當時的標準是要想出 30 種以上的用途才算合格。

　　據說有的人還可以為磚頭想出幾百種用途，例如用來墊腳、砸開核桃、磨碎花生、舉重等等。幾百種用途聽起來很厲害，這樣的人應該非常有創意了吧？當你釐清創意思考的本質、學會創意思考的方法後，你會覺得一個人能想出幾百種，甚至上千種用途也不足為奇。

　　方法很簡單，就是不斷轉換思考角度、不同轉換概念進行聯想，任何角度、任何聯想都可以。隨手拿你身邊可能會有的東西來舉例：

→筆和磚頭有什麼關係？

　我們可以把文字記錄在磚頭。

→紙張和磚頭有什麼關係？

　我們可以把磚頭放在紙張上面，不讓紙張被風吹走。

→磚頭和桌子椅子有什麼關係？

　我們可以用磚頭堆成桌子椅子。

→磚頭和人有什麼關係？

　除了用來打人、丟人，還可以用來當成課程的問題和案例。

→磚頭和車子有什麼關係？

　可以用來鋪路，可以在車輛的煞車壞掉時，抵著輪胎不讓輪子轉動。

→磚頭和手機有什麼關係？

我們可以製作一個看起來像磚頭的手機殼，用來打電話。

就算沒有用到真正的磚頭，但如果磚頭可以為你帶來新想法，那也算是一個用途。如果你要想出幾千種磚頭的用途，那你只需要打開字典，每看到一個詞就做一個聯想，就能獲得上千種用途。這已經遠遠超出於二戰時期美國空軍制定的創意合格線。

只要換一個角度進行聯想，你就能想到各種各樣磚頭的用途。所以創意是什麼？是聯想、融合的同義詞。創意思考是什麼？本質上就是**聯想**。

聯想連結了知識與生活

事實上，你聯想的東西看起來越是毫不相關，你想到的結論就越可能有創意。

神經科學裡有一項實驗：研究人員給受試者看三個詞，然後要求他們利用這三個詞創作出一個簡短的故事。其中，有一組人分配到的字詞有明顯的關聯，例如「牙齒、牙刷、牙醫」，或是「汽車、駕駛、馬路」；而有些人得到的詞彙則比較隨機，如「母牛、活力、星星」或「香瓜、書、打雷」。結果顯示，詞彙

越是隨機和不相關，就越能讓受試者說出精彩的故事。[2]

　　爲什麼會這樣呢？因爲聯想思考，其實就是強迫你跳出框架思考，強迫你換角度思考。當你在想磚頭有什麼用處時，我們很容易待在磚頭框架裡思考，我們會在大腦裡尋找記憶中磚頭的用途，這其實就是「think inside the box」。

　　而當我們用其他的思考角度看待磚頭，用一些不相關的東西進行聯想時，就等於強制性的讓自己「think outside the box」，於是就能想到磚頭的許多其他用處了。

　　當然，我們要學創意思考不是爲了讓磚頭更好用，而是爲了讓自己的專業能力進一步提升。你的目的不是要再去對磚頭做聯想，而是要對自己的專業和目標做聯想。

　　比如說，你在網上看到了一篇文章，裡面提及經濟學道理很有趣，但因爲你並非經濟學家，所以你會覺得這些知識對你的工作沒幫助，以爲那是無用的知識。

　　這個時候，你不能看完就算了，而是要進行創意聯想，把其中的經濟學道理聯想到自己的願望或專業。問問自己：這個

2　Paula. Howard-jones, Sarah-Jayne Blakemore, Elspeth a. Samuel, Ian r. summers, & Guy Claxton. (2005). Semantic Divergence and Creative Story Generation: An FMRI Investigation. Cognitive Brain Research, 25(1), 240–250. https://doi.org/10.1016/j.cogbrainres.2005.05.013

知識點和我的願望有什麼聯繫？這個道理和我的工作有什麼關係？

有時候，這種跨界的新知，可以讓你產生創新的想法和嶄新的洞察。而有時候，它就僅僅是為你的生活和工作提供了一個經濟學角度的解釋。

但可以肯定的是：如果沒有聯想，知識就不會連結，你學到的新知和你的日常生活會處於兩個不同的世界（**圖 4-2**）。

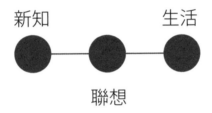

圖 4-2：透過聯想，連接知識與生活。

把新知聯想到自身，這才是學習知識應有的態度。那些學了知識卻沒有進行聯想的人，很容易覺得學習新知識沒有用，認為「這些道理我都懂，但還是過不好這一生」。

創意的品質，由知識決定

不過，只要進行聯想思考，就一定會有收穫呢？就算跳出

框架思考、想出別人想不到的創意，這個創意就一定是好的創意嗎？

當然不是。聯想不一定能帶來收穫，但沒有聯想，就一定不會有額外的收穫。而就算聯想讓你產生了創新的想法，但有創意並不等於有「好的創意」。

即使你用磚頭發想一些有創意的用途，例如拿它來製作桌椅，這用途雖然可行，但實際上可能太麻煩又太重，並不適合使用。

這意味著，即使有創意、有獨特的創意，能想出很多創意，也不等於有好的創意。你必須明白下面這三點：

1. 聯想思考是為了獲得啟發，是為了讓你得到某個洞察，是為了讓你看到不同的可能性。
2. 在這些可能性之中，有好的可能性，有糟糕到不行的可能性，也會有改變命運的可能性。
3. 聯想思考可以保證你能產生創意，但不能保證創意的品質。

也就是說，我們要把創意的「數量」和創意的「品質」分開來看。

那創意的品質，到底是由什麼決定的呢？答案就是第二章提到的：邏輯網。這裡說個故事，你就能明白邏輯網和創意的

品質有何關聯。

　　大家應該都聽過牛頓的故事。牛頓坐在蘋果樹下，恰巧有一顆蘋果從樹上掉下，掉在了他的腳邊。這讓牛頓的心中升起了一個問題：「為什麼蘋果會往下掉，而不是往上飛呢？」於是牛頓開始思考這個問題，進而發展出著名的萬有引力定律。

　　一般人看到這個故事，會覺得重點在於「靈感的重要性」。但在我的理解中，故事還可以解讀出四個不同的重點。

　　第一，　如果這一個蘋果是掉在一個路人甲的面前，他想得出萬有引力定律嗎？

　　當然不會。因為這個人很可能不懂得物理學，也就不會把蘋果和物理學聯想在一起。而牛頓原本就是科學家，所以當他看到蘋果落下時，才能把蘋果聯想到物理學，開啟研究萬有引力的契機。

　　用本書的語言來說，那就是牛頓的邏輯網（擁有的知識），允許他產生這種高級的聯想。

　　不具備 X 知識的人，無法看見 X 的可能性。這是第一個重點。

　　第二，假設路人甲對蘋果產生了同樣疑問，他也好奇蘋果為什麼只會向下墜，不會向上飛。如果他認真思考這個問題的話，會得到什麼答案呢？

他很可能會覺得，蘋果只能往下掉，是因為上天的安排。事實上，就連像亞里斯多德這樣絕頂聰明的哲學家，也只是想到「物體有回歸大地的目的」這樣的解釋，而沒有提出萬有引力。

這並非因為亞里斯多德不夠聰明，而是因為他不具備牛頓那個時代的物理學知識，所以他無法用那樣的方式去思考問題。

不具備 X 知識的人，無法透過 X 去思考問題。這是第二個重點。

第三，為什麼牛頓要等到蘋果掉下來，才開始去思考萬有引力的問題呢？為什麼不是看到落葉、下雨？或是玩球的時候？

答案是：因為他沒有進行聯想思考。他是因為機緣巧合，才對落地的蘋果產生了聯想，而他之前從來沒有對落葉和下雨進行聯想，這就是原因。

不去進行聯想，就不會產生創意。這是第三個重點。

第四，在牛頓從蘋果獲得了啟發之後，他回去會做什麼呢？他會進行大量的實驗和計算，然後將成果寫成嚴謹的著作，用證據說服當代的科學家，才算是完成了萬有引力的發現。

產生想法只是創意的一環，完成想法還要靠後續的努力。
這是第四個重點。

那麼，牛頓到底用了多久才完善這個想法呢？

簡略的回答是：二十年。但更詳細的故事並沒有那麼簡單，因為在這二十年裡，他並沒有時刻埋首研究這個問題。

我們來看看牛頓的生平。牛頓是 1643 年出生的，在 1661 年進入劍橋大學，開始更深入地接觸數學、光學等領域，在 1665 年他才開始研究力學，然後在 1666 年透過蘋果聯想到萬有引力的可能性，當時他就試著用數學證明這個想法，但因為他當時人在家鄉，手上缺乏材料數據，計算出來的結果自然不太理想。因此，他就把這個想法先放在一邊，沒有再去想萬有引力的問題。

直到二十年之後，牛頓因為看到了另外一個科學家胡克的信，才想起了多年前自己有過這樣的一個想法，於是他就用這二十年裡學到的最新知識，重新思考與計算了這個想法，最後在《原理》這本書裡用嚴謹的數學證明了萬有引力。[3]

現在，我們分析整個牛頓發現萬有引力的故事，他到底用

3　參考《科學世界》2016 年第 6 期，方舟子。https://fangshimin.medium.com/%E7%89%9B%E9%A1%BF%E7%9A%84%E8%8B%B9%E6%9E%9C-e9952dbe8bb0

了多少時間去發現地心引力，那麼我們可以看到結果如**圖** 4-3。

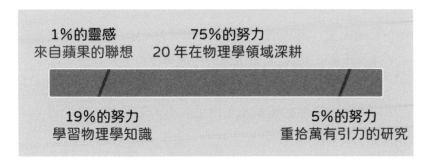

圖 4-3：牛頓提出萬有引力的過程。

首先，牛頓在年輕時努力學習物理學知識，這讓他獲得了從蘋果的身上聯想到萬有引力的可能性。

接著，他在 1666 年因為蘋果產生了聯想創意。

但是，他第一次實現這個想法的嘗試失敗了。於是他放下了這一個想法，但他始終沒有離開過物理學的前端研究。

直到 20 年後，他才因為胡克的信想起當初的創意想法，但這時的牛頓已經不是以前的牛頓了，他的物理學造詣已經達到了新的高度，也獲得了一些 20 年前沒有的知識。在這樣的條件下，他成功用數學證明了萬有引力的想法。

由此可見：在從 0 到 100 的過程裡，一個聯想帶來的創意可能只佔到了整個過程的百分之一，而其餘的過程，都是知識的累積。

1% 的關鍵靈感

愛迪生有一句名言:「天才是百分之一的靈感,和百分之九十九的汗水。」這就是指這樣的一個過程。

靈感和洞察只不過是中間那 1% 的事情。牛頓必須要先有之前的努力,才能對蘋果產生出萬有引力的聯想,後面還必須繼續努力完成想法。

當然,這裡不是想說靈感沒有用,因為靈感雖然只有1%,但這 1% 所起到的作用卻很關鍵。如果沒有這 1%,那麼過程會如**圖 4-4**。

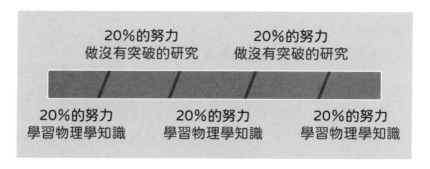

圖 4-4:如果努力的過程沒有靈感。

如果沒有創意想法,那麼無論怎麼努力、有多少知識,你都無法帶來突破。

演化論的提出者達爾文的故事也是類似的。達爾文提出的演化論，就是那句著名「物競天擇，適者生存」的理論源頭。

在達爾文想到演化論之前，他曾經乘坐「小獵犬號」到加拉帕戈斯群島進行有關地質學的調查。那時是 1835 年，他在這次旅行記錄了許多動物群的特性，還蒐集了許多生物化石，這爲他積累了大量素材。

起初，達爾文也沒有從這些素材身上得到什麼想法，但他一直有一個困惑，那就是他看到的生物和生物化石有著難以解釋的差異，還隨著地域不同而有所變化。兩年之後的 1837 夏天，他才從中想到物種可能會隨著時間變異，但他還無法解釋爲什麼物種需要變異。

創造力研究專家霍華德·格魯伯就曾經仔細研究了達爾文寫過的筆記，他發現：其實早在 1837 年，演化論的所有理論要素，都已經出現在達爾文的筆記本中。只不過這些要素分散在不同的筆記，這時的達爾文還沒找到一個方法可以把全部元素統整起來。**4**

一年之後，達爾文在閒暇時讀到了馬爾薩斯牧師的《人口學原理》。這是一篇經濟學文章，講述人們會爲了有限的生存資源

4　參考：史蒂文·強森：《偉大創意的誕生：創新自然史》（簡體）（浙江人民出版社，2014）。

而展開競爭。達爾文將這個點聯想到自己的研究課題，想到物種之間也會因為爭奪資源而展開競爭，這才讓他找到了一個關鍵的思考角度，解決了他長久以來的疑惑。

這一點在達爾文的自傳中有詳實的紀錄。這件事發生在1838 年 9 月 28 日，達爾文寫道：「就在那一刻，我的新理論終於可以開始了。」

四年後，《物種起源》的簡要提綱完成，內容詳細地闡述和論證了演化論。但直到 1859 年，達爾文才正式出版了《物種起源》，演化論才開始了進入大眾視野的第一步。

更有趣的是，在達爾文發表演化論之前，有一位叫做阿爾弗雷德·華萊士（Alfred Wallace）的生物學家兼地理學家，自己獨立構想出了和演化論相似的理論。這促使達爾文決定和他一起聯手發表相關論文。

那麼，你知道華萊士是怎樣獲得演化論的靈感嗎？

答案是：他也是在看了馬爾薩斯的《人口學原理》後，才構想出了演化論。[5]

如果用我們本書的語言來解讀達爾文的故事，那麼過程如**圖 4-5**。

5　同前。

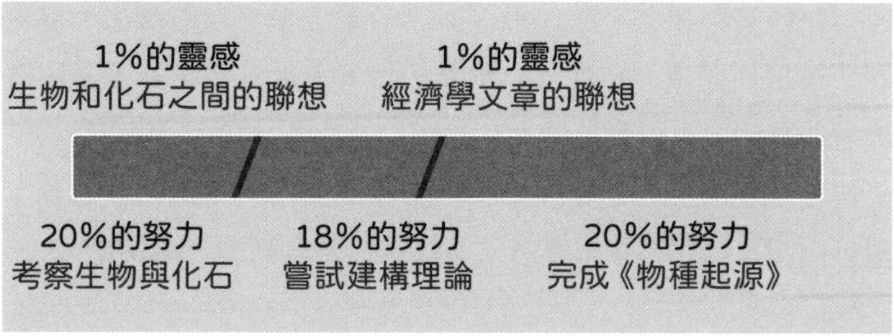

圖 4-5：達爾文提出演化論的過程。

當然，這裡的數字只是個大概，是為了方便你了解，創造的過程是知識的累積和知識聯想來回交替，缺一不可。

另外，我們能從達爾文的故事裡發現很多牛頓故事裡都有的要素。

首先，創意不可能無中生有。所有的創意背後一定是知識的累積。換句話說，你累積得來的邏輯網，就決定了你能想到的創意想法的可能性。

牛頓有學過物理學，所以他擁有看見萬有引力的可能性；達爾文蒐集過許多生物素材，所以他才擁有看見演化論的可能性——你擁有的知識越深刻，你的創意的品質就會越高。

其次，**不進行聯想，就不會產生創意。**

　　牛頓有蘋果的聯想，而達爾文有經濟學文章的聯想。這種聯想會為你開啟一道門，一個新的思考角度，但這並不是創意思考的開始，也不是結尾。

　　創意思考必然是由邏輯網的形成開始的，以邏輯網為基本盤，中間以聯想碰撞出靈感，並以汗水做為結尾（**圖 4-6**）。

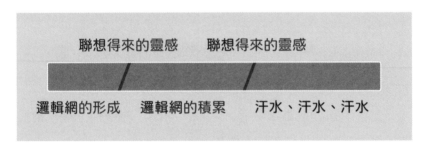

圖 4-6：創意思考的過程。

　　另外，要注意的是雖然創意思考的本質是聯想，可是如果只知道聯想的話，就會很容易陷入「盲目窮舉」的低效率問題。

　　比如說，我們前面提到在對磚頭進行聯想的時候，可以靠字典上的每個詞來逐一聯想，這雖然能產出許多的創意，但有價值的創意卻未必有幾個，因此是一種低效率的窮舉。

　　下一章節，我們會講到愛迪生是避免這種低效率的策略，以及這種策略對我們的目標與夢想有何幫助。

重點整理 ●●●●●●●●●●●●●●●●

1. 創意產生的本質：將概念和概念進行聯想

那麼一個人該怎麼提升自身的創意思維呢？頻繁進行聯想是可行的，但聯想雖然能保證創意的誕生，卻無法保證創意的品質。

2. 決定創意品質的關鍵因素：你自身所擁有的邏輯網

邏輯網的品質越高，能聯想到的創意就越有品質、越高級。

3. 創意的百分之一靠聯想，百分之九十九則靠知識的累積

在創造性的思考裡，知識的權重是很大的。

但儘管如此，也不要以為知識網就是全部，而創意聯想不重要。因為創意雖然只占到了百分之一，卻能讓百分之九十九的知識獲得境界的飛躍。

沒有創意，那麼那百分之九十九的知識，就只不過是其他人也具備的東西而已。

而擁有了創意，那就是牛頓和那個時代的科學家的差異。

—— 4-2 ——

創意的總量，思考的極限

你已經知道，創意思考的本質是知識與聯想：有聯想，我們就能轉換不同的角度看待同一個事物；有知識，我們的創意品質才會更高。兩相結合，便是各種創意的來源，就那麼簡單。

而我想告訴你的是，除了創意思考之外，邏輯思考和換位思考本質上也是一種聯想，只是角度有所不同。我們甚至可以說，**人類所有的思考，都是聯想思考**。你的每一次所思所想，都是聯想思考。

思考的本質，都是聯想

比如，在〈邏輯思考〉那章我們說過，邏輯三段論的結論必定是透過大前提和小前提結合得出，缺一不可。當我們把「蘇格

拉底是人」和「凡是人都會死」聯想起來，當我們思考這兩者有什麼聯繫，就會得出「蘇格拉底會死」的結論。

真實的邏輯思考就是那麼樸素，把大前提和小前提聯想起來，放在一起看，自然能夠得出結論。但這中間究竟發生了什麼事？為什麼我們只要把小前提和大前提放在一起，就能聯想出結論呢？

答案是，因為人可能天生就能理解邏輯三段論。有研究指出，人類嬰兒在一歲的時候就已經能進行基礎的邏輯思考。邏輯思考很可能是天生的能力，而不是後天習得。[6,7]

大學傳統哲學課教的邏輯思考，並不能讓你學會邏輯思考——因為你早在一歲時就會進行邏輯思考了——課堂上教的其實是邏輯思考的符號形式。

人天生就能邏輯思考，這就是為何我們只要把小前提和大前提聯想起來，就能得出結論。同理，我們前面提到的換位思考，本身也是一種聯想。

6　Nicoló Cesana-Arlotti et al. (2018). Precursors of logical reasoning in preverbal human infants. Science, 359(6381), 1263-1266. https://doi.org/10.1126/science.aao3539

7　Cesana-Arlotti, N., Kovács, Á. M., & Téglás, E. (2020). Infants recruit logic to learn about the social world. Nature Communications, 11, 5999. https://doi.org/10.1038/s41467-020-19734-5

我們再回顧一下，當道士進行推理的時候，他會沿用自身的邏輯，推斷出戴上帽子的人會遭到詛咒。

而假設道士嘗試換位到偵探的角度去思考，他就會把原有的大前提放下，轉而用偵探劇裡常見的心理動機出發，說這個帽子縫縫補補那麼多次，應該對帽子主人來說有特別的意義。

道士還是那個道士，換位思考不過是讓他放下了鬼魂的聯想，然後選擇性地調用大腦裡另一個部分的知識，產生另一種聯想，進而得出不同的結論。所以換位思考，本質上也是一種聯想思考。

同理，我們在換位思考一章裡提到，有研究指出，單獨的看人的表情是很難猜到他在想什麼的，但只要把人的表情和情景結合起來看，就能大幅提升猜中情緒的準確度。這也間接說明：準確的換位思考，就是把正確的要素聯想在一起。

而即使是你產生的一個直覺、一個想法，背後都是聯想思考。

比如，當你再看到一塊磚頭，你不會像電腦一樣說「This is a brick」。真實的情況是，你的大腦會非常迅速地調用記憶，對眼前的這塊磚頭進行聯想。你會想到我們前面做過的練習、想到「創意」這個詞，或者聯想到某種用途。

聯想，會在我們不經意之間完成。

可能會有人說，我們常用的思考是分析。而分析這件事情

應該和聯想沒什麼關係吧？但其實不然。分析也是一種聯想思考。

比如說，一位金融分析師要分析一支股票的漲跌，於是他便依據過去的經驗和金融知識，對應這支股票的經營現狀、市場現狀，或者其他各類指標進行分析。也就是說，他會將過往的知識經驗與現狀聯想起來，然後得出結論，這也還是聯想思考。

就算是數學計算，也是一種聯想。你還記得小時候怎麼學數學的嗎？我們會一個一個蘋果的數，一個一個地將蘋果和數字聯想在一起。5 這個數字，代表五顆蘋果；而 5+5，就是五個蘋果和五個蘋果放在一起，是兩者的聯想，結論就是 10（顆蘋果）。

即使是更複雜的數學計算，最深的底層都還是這種樸素單純的聯想，是由簡單的聯想堆疊而成。只不過我們對數字太過熟悉，才忘記了數學也是靠這樣的聯想建立起來的。

甚至人類創造文字的過程，很可能也來自聯想思考。

一個不懂文字的原始人，如果想要創造「火」這個文字，他可以生一把火，然後按照火的樣子用樹枝畫個圖像。只要將這個圖像和「火」聯想起來，再加上模擬火被風吹過發出的聲音，這就成了文字（圖 4-7）。

圖 4-7：甲骨文的火。

思維聯想論

所有的思考，都是聯想思考，包括我們第二章提到的多元思考，其實就是用多個不同領域的知識來對專業、目標進行聯想。深度思考也是一種聯想，不斷問「為什麼」，其本質就是對因果關係進行聯想。

所有的思考，都是聯想思考——這在神經科學的角度看來，也是正確的。

我們知道，大腦裡面有很多的神經元，而神經元是大腦儲存資訊和指令的基本單位。當人在思考的時候，神經元就會發電，並透過發電的方式選擇性地刺激其他神經元發電。

更白話來說，神經元是儲存資訊的媒介，而神經元和神經元連接發電，其實就是資訊和資訊產生了連接，這是人腦運作的基本原理。

換句話說，如果我們用儀器觀察思考中的大腦，看到各種神經元相互來電，就能做出一個單純又合理的總結：思考是將想法與想法連接。

所有的思考，都是聯想。而這就是我要在本章節提出的理論：**思維聯想論**。

思維聯想論是一個很簡單的理論，它會讓你了解到思考的本質、原理原來如此簡單，也可以解釋幾乎所有關於思考的問

題。它可以用三句話來總結：

> ● **凡是思考，皆是聯想。**
> ● **凡是聯想，必有素材。**
> ● **聯想日新，以此迭代。**

第一句，凡是思考，皆是聯想。這句很好理解，就是我們剛才舉例討論的，所有的思考都是聯想思考。

第二句話，凡是聯想，必有素材。指的是聯想是想法和想法的連接，但沒有哪個想法是憑空出現，而是來自現存的各種知識、素材。

我們在上一個章節說過，牛頓能提出高級的創意，是因為他具備相應的知識，允許他做出萬有引力的聯想。如果你曾研究牛頓的生平，你就知道牛頓的偉大思想都是在年輕時提出。在牛頓的晚年裡，他一直在研究煉金術，但研究了幾十年都沒有突破。

為什麼呢？道理很簡單。研究物理學的時候，牛頓可以拿到前人留下的許多優良素材，包括知識和數據，像是恆星及行星的精確位置。這些可靠的數據，確保了他的計算不會出太大的差錯。但研究煉金術的時候，由於煉金術一直以來都只有一些含糊的傳聞、不嚴謹的數據、大量的主觀詮釋，而靠著這種

不精準的素材，縱使牛頓再聰明，也難以獲得具體成果。

又比如說，即使諸葛亮再聰明，他無法透過思考而提出愛因斯坦的相對論，因為他手上沒有相關的素材。

而愛因斯坦即使再聰明，如果他一直生活在原始的叢林部落，他也無法透過思考而提出相對論，因為他手上沒有現代物理學的素材。

你能從思考得出怎樣的結論，取決於你可以獲得的知識和素材。

我們再舉一個更直觀的例子——不知道你有沒有想過，為什麼電影裡的外星人長得都像人呢？這些不是就是把地球上有的東西，融合起來而已嗎？為什麼虛構的外星物種總是不外乎這些樣子呢？

答案很簡單：因為人類想像不出自己沒看過的東西。人類只能用自己看過的東西拼湊出一個外星物種的樣子。

這也是為什麼古人可以想像出神的樣子，各種各樣充滿創意的神話、山海經裡面的各種怪獸，半獸人、半人馬之類，但就是想像不出機器人。這不是因為他們缺乏創意，而是因為缺乏素材。

我們可以有「天馬行空」的創意，但翅膀和馬是人們早就已經知道的東西，並不存在憑空而來的元素。而所謂的想像力，正是對已知的東西進行聯想，然後在腦海裡用畫面呈現出來。

　　所以思維聯想論的第二句話，凡是聯想，必有素材──說的其實是人類思考的極限，會被我們手上的素材限制。無論是多麼聰明的天才，他都會受到當下可得的所有知識限制。甚至可以說，所有的人類創造、所有問題的答案、所有的思考結論，都限制在我們可取得的素材內。

素材的總量 = 可能性的總量 = 思考的極限

　　這就是思考的極限，也是思想的硬性限制。

　　那麼問題來了，如果所有的思考都是對現有素材的思考，中間沒有任何憑空而來的新東西，那麼為什麼人類還能不斷進步呢？

　　這就要說到思維聯想論的第三句話：聯想日新，以此迭代。

試圖飛翔的人類

　　如果你去研究科技的歷史，你會發現，雖然以前的人無法想像出機器人的模樣，但還是有一些人想到了簡單的機械裝置。這些機械裝置慢慢改進迭代，簡單的零件和另一個簡單的零件組在一起，時而變得複雜、時而變得精簡，慢慢變成了今天的樣子。

　　要釐清這一點，我們不妨看看飛機的發展史。飛行自古以來都是人類的夢想，而早在飛機被發明之前，就已經有過很多發明家曾嘗試發明飛行裝置。他們的想法很簡單：既然鳥有一對翅膀，而人有一雙手，只要在手臂上安裝翅膀，不就能飛起來了嗎？

　　這種簡單的聯想長期佔據了最早期的發明思路，一個又一個的夢想家想法設法把自己變成「鳥人」，期望能藉此飛上天空。當然，所有人都失敗了，因為人類身體的骨架、肌肉和重量，無法讓我們用雙手安裝翅膀的方式飛起來。

　　這麼說來，用鳥類的翅膀去聯想人類飛翔，這個聯想似乎毫無價值。但其實不然，因為透過研究鳥類的翅膀，人類的確學習到了一些空氣動力學的原理。而在這方面的主要奠基者，是喬治·凱萊（George Cayley）爵士。

　　剛開始，凱萊爵士研究飛行的思路其實和前人相差無幾，他也以為人可以藉由裝上翅膀獲得飛行能力。但是和以前失敗的前人不同，他自小學習大量關於機械和電力學的知識，因此做過幾次試驗並失敗後，他很快就意識到「鳥人」的概念可能從根本上就行不通。

　　這個失敗沒有讓凱萊爵士放棄研究，他轉而思考鳥翼形狀在飛行時發揮的作用。由於凱利曾經學習過牛頓的空氣阻力理論，以此聯想到自己對鳥類的觀察，他指出鳥之所以能在空中不費力地滑翔，並不單純是因為重量和肌肉等因素，更關鍵的

是鳥翼的獨特形狀，能讓鳥類在劃過空氣時產生壓力，進而獲得動力和升力。

因此，雖然人類很難靠自身力量振翅高飛，但如果做出一個固定的機翼，只要機翼的形狀正確，然後找個足夠高的地方起飛，人類就可以在天空滑翔。這個見解直到現在，都是航空學沿用的主要思路，只是我們不再需要找個高地就能飛行。

經過多年的試驗和改進，凱萊爵士終於在 76 歲那年製作出了一架成功的滑翔機，實現了第一次載人滑翔飛行。而他生前所留下的航空學著作，則為後世的飛機發明提供了重要的空氣動力學理論架構。**8,9**

值得一提的是，在德國也有一位名為奧托·李林塔爾（Otto Lilienthal）的航空先驅。根據李林塔爾自己的記載，他和他的弟弟在德國獨立發明了和凱萊爵士類似的滑翔機。

和凱萊爵士一樣，李林塔爾也是機械工程師，並透過研究鳥類的翅膀，聯想到能製作固定機翼，利用空氣動力來達到空中滑翔。但李林塔爾的滑翔機更加優秀和穩定，曾讓李林塔爾完成兩千多次飛行。儘管如此，李林塔爾的滑翔機在平衡控制

8　參考：吳軍《矽谷來信 2》（簡體）第 29 封。

9　參考：吳軍《科技史綱 60 講》（簡體）第 38 講。

方面還是做得不足，並最終在一次飛行的意外中喪生。**10**

有趣的是，凱萊爵士和李林塔爾都曾經構思過要為滑翔機裝上一個發動機，但是在他們那個時代只有蒸汽機，而蒸汽機的重量太大，所以這兩位先驅的想法都不曾被實現──直到萊特兄弟的出現。

萊特兄弟出生在一個最好的時代──他們的前人提供了航空學的理論基礎，又趕上了尼古拉斯·奧托（Nicolaus Otto）發明了現代內燃機。

萊特兄弟也足夠聰明，他們捨棄了用人體操控飛機平衡的思路，並從控制風箏的方法中聯想到控制機翼的操縱桿。後來的事情我們都知道：萊特兄弟結合了凱萊爵士的理論和李林塔爾的經驗，為滑翔機裝上現代內燃機，再融合自己控制機翼的操縱桿，終於完成了現代飛機的發明。**11**

素材越多，思考邊界越廣

從這一個飛機的發展簡史，我們可以看到發明家們的思維

10　參考：吳軍《矽谷來信 2》（簡體）第 30 封。

11　同註 9。

痕跡：

1. 最早的人透過聯想鳥類，想到了「鳥人」的思路。

2. 凱萊爵士接過了這一個聯想，在鳥翼的形狀研究中導入物理學，得出空氣動力學的概念，再結合機械工程的知識，將其運用於機翼的改進，發明了滑翔機。另外，李林塔爾也做出了類似的聯想，發明了穩定性更高的滑翔機。

3. 最後，萊特兄弟接過了這一切聯想，將空氣動力學、滑翔機、現代內燃機、風箏的控制方法與當代機械工程學結合，終於發明了現代飛機。

這就是思維聯想論第三句話的含義：聯想日新，以此迭代。

聯想會帶來新的素材，而新的素材又會被納入到更新的聯想，然後帶來更新的素材。接著，更新素材又會被納入到更更新的聯想……以此類推。

其實所有現代科技的發展，都和飛機發展史類似。人們把已知的東西聯想起來進行組合，然後創造出一個新東西；這個新東西又和另一個新的東西進行組合，變成更新的東西。

所以以前的人雖然無法想像現代飛機長成什麼樣子，但透過聯想的迭代，現代飛機還是誕生了。

我們可以把凱萊爵士的思考成果，看成那時的航空思想極

限，那時的凱萊爵士是想像不出現代飛機的樣子的，儘管他已經超前同代人許多。而隨著知識的迭代，下一個發明家萊特兄弟手上有更多的素材，這些素材拓寬了萊特兄弟的思考邊界，他們因此能到達凱萊爵士終其一生都無法到達的地方。

每個時代的思維極限都不一樣，但這一個極限並不是固定的，而是會隨著時間推移。當人們可以獲得的素材越來越多，這個極限的邊界也會不斷的擴張。

不過，對於個體來說，我們無須太擔心思維的極限不夠寬，我們更應該專注的是：怎樣把自己的思考推到接近極限？

這一個問題，我們會留到〈修煉思考〉詳細解說。

像發明家一樣思考：有目的的聯想

大多數的人看發明家的故事，會強調我們要學習不害怕失敗的精神。但我想告訴你的重點不是這個，而是「**萬物皆思維**」的道理。

這種方法其實就很像我們上一個單元提到的磚頭例子，也就是「窮舉創意」，把所有東西都用來進行聯想。而偉大發明家的聰明之處就在於，他們不會盲目窮舉，而是會根據新的資訊縮小聯想範圍。

　　每一次有新發現，發明家都會進一步把聯想範圍縮小，直到目標達成為止。天才的靈機一動產生創新，很具戲劇性，但可遇不可求；而發明家的創新方法，人人都能學會。

　　例如，當你透過網路文章學到了一個很簡單的道理，那不妨試著把這個道理聯想到自己的夢想上，想一下這對你來說有什麼指導意義、能帶來什麼新的想法？當你看到別人的成功案例，就聯想一下：他們的成功經驗和自己有什麼關係，如果將他們的經驗用在自己的目標上，會有怎樣的結果？當你看到一個新的技術趨勢，就聯想一下：這個技術對於你的個人目標而言，有什麼幫助？你能怎樣運用它來達成你的目的？

　　要是你因此想到，某個領域或某個技術能幫助你實現目標，那就進一步縮小範圍，圍繞這個領域或技術進行深入聯想。

　　我將這種聯想稱為**「有目的的聯想」**。

　　你可能有聽說過，人每天平均會產生六千多個想法，但那幾乎全都是被動的、下意識的聯想。而如果你能每天進行一次有目的、有意識的聯想，那麼一年聯想了 365 次後，那個原本模糊、不知道怎樣達到的夢想，也會變得清晰起來。

　　如果你養成了習慣，可以每天進行 5 次「有目的的聯想」，那麼一年就大約會有 1,800 次聯想，可能已經超過不少大型實驗使用的樣本數。

事實上，我最初實現出版一本書的目標，就是靠這樣的方法達成的。你正在看的這本書也不例外，這本書有很多的知識點和結論，都是建立於我過去幾年的學習與聯想。你在網路上、生活上看到的任何大師、達人，他們的所有成果，都是建立在過去的種種學習和聯想之上。

總而言之，只要不斷把新知識聯想到你的目標，實現目標的道路就一定會越來越清晰。

在萊特兄弟的眼裡，世界上所有的航空與機械素材，都可能是他們發明飛機的最後一塊拼圖。

在普通人的眼裡，創意是憑空而來的，天才的創造力是與生俱來的。

但在創新者的眼裡，眼前的天下萬物都是我的創新素材——**「天下萬物，唯我所用」**。

在下一個章節，我們會進入〈修煉思考〉，並從本章節的思維聯想論出發，探討提升思考力的三條路徑，以及在日常生活中修煉思考的方法。

重點整理 ●●●●●●●●●●●●●●●●

這個章節我們介紹了思維聯想論。這個理論假設，人的所有思考本質上都是聯想思考。其概念可以用三句話簡單闡述：

凡是思考，皆是聯想。
凡是聯想，必有素材。
聯想日新，以此迭代。

從這個假設出發，我們可以知道：既然思考就是聯想，那代表所有的思考結論，本質都是概念或知識的組合，是組合已有的素材而成。因此一個人的思考極限，以及創意總量，是由當下的素材數量決定。

接著，我們談到了飛機發展史，並從這段歷史裡帶出一個道理，那就是人類所掌握的素材不是恆定的，而是會隨著聯想而迭代——聯想能產生新的素材，而新的素材會進一步拓寬思考的極限，我們的文明就是透過這樣的方式進步。

最後，我們瞭解到：當你對創新或完成目標毫無頭緒時，可以先從廣泛地大量聯想開始。一旦你產生了優質的洞察，就縮減聯想範圍，最後把範圍縮小到具體的細節和實踐方法。如此一來，達成目標的道路就會越來越清晰。

column

創意思考的訓練方案

一、設定一個你的「個人專案」

什麼項目都可以，或者一個完成夢想／目標的計劃。

其次，每當獲得一個新知，就試著將次新知聯想到你的「個人專案」上，無論產生了什麼想法，都試著盡量記錄起來。

記住：優先聯想到自己的「個人專案」，否則聯想太過隨機，就會失焦而無法得出實用的想法。

二、週末早晨起床後 60 ～ 90 分鐘

對過去這一週所記錄的想法進行篩選，標註在筆記本裡，並試著延伸思考、延伸聯想到具體的落實。

★ 訓練方案只能當作參考，你需要自行斟酌選擇一個或多個思考力進行修煉，規劃時間。

修煉思考

—— 凡人想透過思考獲得答案，
智者在修煉思考中找到答案。

—— 5-1 ——

你不管理知識，
煩惱就會來管理你

　　首先，我想介紹你一個簡單的思考輔助工具。我們在上個章節談到，思考就是聯想，而聯想必有素材。這道理有兩個要點：

　　第一，當我們手上沒有充足的素材，就無法產生源源不絕的聯想，思考也就不會淋漓通暢。

　　第二，反過來說，當手上有充足的素材，我們就能產生源源不絕的聯想，思考也就淋漓通暢。

　　也就是說，在日常裡，你在工作上遇到卡住的地方，是因為你手上不具備相應的聯想素材。反之，如果我們在開始工作前，先提前準備好素材，就能確保工作進行時思考通暢，提升流程效率，甚至能讓你有意想不到的突破。

　　從這兩個道理出發，我總結出了兩個思考工具：**「聯想清單」**和**「聯想卡片」**。

工具一：聯想清單

我們先談談第一個工具「聯想清單」，這個工具專門解決工作中卡關的現象。技巧的操作很簡單，連小孩都能學會，只要有紙筆就行。

假設你是一家小餐廳的老闆，你想要做一個廣告文案，那開始寫文案之前，你可以先製作一個聯想清單。製作聯想清單的步驟只有兩個：

STEP 1 拿出一張白紙，在白紙上面寫下你的餐廳名稱。
STEP 2 把所有用得上的素材寫在下面。

比如，你餐廳的特色，文案要走什麼風格、採取怎樣的語調、運用怎樣的比喻、對消費者有什麼理解，總之把所有想到的、好玩的、不好玩的、既有的、新奇的點全都寫在下方。你也可以用思維盜取的方法參考一些成功的文案，將它們使用的元素放在清單裡。

如此一來，聯想清單就完成了。當你撰寫文案候，遇到卡關、不知道怎麼寫的時候，你就拿出這張聯想清單，看看裡面有什麼東西可以用，接著就有很大機率會想到怎麼寫下去。以後想寫第二篇、第三篇、第四篇文案，都可以拿這個清單反複使用，也可以不斷增加元素進去。

　　我自己經常用這個方式來寫文章。比如說，當我在解讀一本書的時候，會先把這本書的核心知識點羅列成一個清單，也會把書籍以外的，甚至另外一個領域的相關知識點也寫進去。清單完成後，我再根據清單裡的素材制定一個主題，然後根據素材的性質編排文章的架構。

　　而當我開始寫了之後，每當我遇到卡關的地方，我就會看一看那張聯想清單，通常這就足以讓我想到接下來該怎麼寫了。

　　根據我自己的經驗，如果我因為偷懶索性略過清單直接開寫，那麼我大概要三天的時間完成文章；而如果有先製作聯想清單，那麼我通常只要一天就能完成文章，可見這個思考工具可以帶來很大的效率提升。

聯想清單的效用

　　為什麼聯想清單管用呢？有兩個原因：

　　第一，這次準備好的清單，能延伸到下一次的使用。

　　比如，有些人做一份報告要花很久才做完，總是花更長的時間，效果還沒別人好，這不是因為他們不會做，而是因為過程不順暢，經常中途卡關。

如果他開始製作聯想清單，做事情的過程就會更順暢、更有效率。清單可以沿用到下一次、持續完善，讓未來的做事速度進一步加快。

第二，幫助大腦進入發散模式。

神經科學的研究指出，人的大腦會在發散模式和收斂模式來回切換。

當你感到心情放鬆、思緒開放的時候，比如當你在洗澡、在散步放鬆的時候，你會進入發散模式。研究指出，人在這種狀態下聯想能力會提升，你會為問題想到更多可能性和選項；或者說白話點：你在這個狀態下會更容易產生靈感。

而收斂模式則相反，當你把精神都專注在問題上、繃緊神經去思考問題的時候，你會進入收斂模式。這種狀態會讓你處理已知問題的能力提升，讓你快速地做好熟悉的事情。問題在於，在收斂模式之下，如果你遇到的是自己不熟悉的問題，這個模式就會讓你原地打轉，也就是我們說的「卡關」。

所以在面對工作的時候，如果你能先放鬆自己，先做好聯想清單，你就能透過發散模式準備好更多、更好的聯想素材。完成清單後你再開始專注做事，這樣就不用在中途從專注的狀態抽離，也不會不自覺地讓思考困在原地，你直接就可以從之前準備好的素材獲得處理問題的思路。

這就是為什麼聯想清單能提高工作效率的原因。

可能有人會問，聯想清單看起來比較適合需要經常動腦筋的腦力工作，它是否不適合某些類型的工作呢？是的，有三種情況是聯想清單派不上用場的：

1. 如果你對現在的工作駕輕就熟，那麼你有很大機率不會需要聯想清單，因為需要的素材已經在你的知識網裡。
2. 你對現在的工作完全不熟悉，連聯想清單都無從準備。
3. 你的工作不需要你發揮創造性，或者不是太過複雜，那麼你也有很大機率不需要聯想清單。

如果你的工作剛好符合其中一種情況，那麼你很可能不需要聯想清單，但這不代表這個技巧對你來說就沒用。你還可以將它應用在其他個人規劃，例如：建立創業計劃、在網路上發表時事評論等等。

而要製作聯想清單，只有三個步驟：

STEP 1 拿出一張白紙，在白紙上面寫下計劃的名稱。

STEP 2 寫下所有跟這個計劃有關的素材。只要是相關的任何東西，不管是什麼雜七雜八的都可以寫下來。比如，和某人會面、和同事的討論、某個軟體的功

能、某個理論、某些參考案例、某種條件、某本書的知識點、某種風格等等。

STEP 3 把清單收起來，改次遇到類似的計劃還可以再改進、再使用。

工具二：聯想卡片

好了，說完聯想清單，我們來談談第二個能幫助思考淋漓通暢的工具：聯想卡片。

簡單來說，聯想卡片就是聯想清單的升級版。這個工具並不是針對某個小目標、小任務而使用，而是為了透過每天的學習和思考，累積出某個比你更大的目標而使用。

我第一次認識到卡片可以用來做成思考工具，是透過認知科學家陽志平的部落格，他在上面介紹了「納博科夫的卡片」。[1]

你可能有聽說過「蘿莉塔」這個詞，而這個名詞最早出於一本名為《蘿莉塔》的小說，而小說的作者正是納博科夫（Vladimir Vladimirovich Nabokov）。納博科夫被稱為作

1　陽志平「納博科夫的卡片」https://openmindclub.blog.caixin.com/archives/217883

家中的作家，相當有才華。他曾在一次訪談裡透露，他發現了一種用於寫小說的方法，就是把日常生活中想到的、學到的任何好東西，都寫在一張張卡片上。久而久之，這些卡片會累積成一盒盒素材，這些素材會成為小說的某個章節、某個情節或某個細節。

當納博科夫創作一本小說的時候，並非按順序先寫完一章再寫下一章，而是在多個章節來回跳躍。卡片的素材像是拼圖，拼到哪裡，哪裡就成了一個世界。

除了納博科夫之外，錢鍾書 **2** 的創作方式也很類似。據說，錢鍾書生平積累的卡片有將近十萬張，而他的最重要著作，就由卡片組織而成。

可以想像，他在寫作途中遇到卡關時，或是想到某個想法，卻不知道怎麼鮮明表達時，他就會翻開那堆累積已久的卡片，看看有哪些素材適合補上眼前的空白。

乍看之下，「納博科夫的卡片」和我們在上個章節談到的「有目的的聯想」有點像。

2　知名學者、作家，代表作有長篇小說《圍城》。

差別在於，你得到素材後無需立刻對素材進行聯想，而是先記錄在一張張卡片上；等到你要開始創作時，或者遇到解決不了的問題時，再拿出來聯想一番。

當然，按照納博科夫和錢鍾書的使用方式，卡片是用來記錄素材的媒介，方便在創作時拿出來借鑒。但用本書的語言來說，累積素材卡片是爲了達到更廣的聯想，開拓思維的極限，所以我擅自給這個工具起了一個更簡單的名字，就叫「聯想卡片」。

那麼，使用「聯想卡片」的好處具體有哪些呢？關鍵的好處至少有三個：

1. **有助於記憶資訊**。這很容易理解，每一次製作卡片，其實就是在記錄想法、情緒、印象，而心理學研究早就指出，做記錄這個動作本身就有助於記住資訊。
2. **有助於拓展邏輯網**。卡片可以記錄各種各樣的知識點，而知識就是邏輯。你累積的知識越多，你的邏輯思考就會越強大。更重要的是，卡片的形式有助於多元思考——當你遇到難題，或是要做決策時，拿出一張卡片對眼前要處理的事情做一次聯想，就等於換一個角度看待問題的另一面。當你看的角度越多，盲點自然就越少，答案也變得更加清晰。

3. **有助於更密集地產生創意。**上個星期你學到一個新知A，今天你學到一個新知B，原本這兩個新知不會被聯想起來，但如果你把它們變成卡片，那麼它們就可以輕易被聯想起來，變成創意X。每張卡片都能激發一個聯想，蒐集卡片就像愛迪生蒐集實驗材料，你不只是記錄，更是在一點一滴蒐集靈感、蒐集能幫助你達成夢想的素材。

當然，實際的好處遠遠不止這三個。比如，記錄情緒的卡片還可以提升情緒粒度、換位思考能力。累積卡片素材，其實就是讓邏輯網變得更堅固和豐富。而且每一次記錄，你都可以加上獨立思考的反思。

可以說，本書提到的所有的思考力，都能透過製作聯想卡片得到加強——**因為思考必然有素材，而累積素材就是增進思考的基本動作。**

「比你自身更大的東西」

在我看來，無論是納博科夫還是錢鍾書，他們應該很早就認知到「思考就是聯想」這個道理。天才的大腦可能會在無意間組織出好想法，但對於一般人來說，最有可能組織出好想法的

方法，就是這種靠日積月累的笨方法。

你在人生中，可能經歷過不少甜酸苦辣；你在工作中，可能學會過不少經驗；你在生活中，可能遇見過不少驚喜；你在閱讀中，可能領悟過不少道理。這些經驗素材分開來看，可能很平淡、不起眼，但如果你能將這些經驗素材組織連接起來，那或許就能產生湧現效應，產出一個比你自身更大的東西。

什麼是「比你自身更大的東西」呢？這句話原本是一句英語：「something bigger than yourself」，指的可以是如神明、大愛之類的東西。

但我覺得有更好的解釋，它指的應該是：一個你原本不知道自己有，但知道了之後，你覺得它的價值比你自身的價值更大、更重要的東西，以致於你心頭有竭盡全力完成它的使命。

對我來說，之前每出一本新書我都會有這樣的感覺，就是這本書比我過去的一切價值還要大，這本書也不例外。

其實，不是每個人都有想要熱烈追求的目標和夢想，不是每個人都能摸索出自己的使命是什麼，大部分人都對這些東西感到迷茫。

而即使沒有目標和夢想，但總會有些事情、有些東西能勾起你的興趣，能讓你感到興奮的吧。而如果你能把這些讓你興奮的東西，化成一張一張的素材，那說不定在未來的某一天，這些素材能像拼圖一樣，拼出你的目標、你的夢想、你的人生使命，一個「比你自身更大的東西」。

另外，如果你是個容易分心、思維發散的人，或者你有覺得自己的思緒總是一片混亂，那麼聯想卡片也可能對你很有幫助。因為當你把各種混亂的想法碎片都寫在一張張卡片後，它們就變成了實體，變成了拼圖般的東西。而接下來你要做的，就像是玩拼圖、找規律，從眼前的各種看似無關聯的想法碎片，拼接出清晰、只屬於你的個人思想。

聯想卡片的製作原則

說到底，聯想卡片本質上就是把可用的素材都實體化，憑藉這些實體來隨心所欲地增強思考力。

如果一個沒有卡片的人可以在思考問題時，憑記憶想到一兩個想法，那麼累積了一千張卡片的人，理論上可以產生一千個想法。當然，實際上我們不會這麼做，而是會挑選一些比較相關的卡片來進行聯想，而這至少可以讓你產生十個有啟發的想法。

那麼，到底要怎樣製作聯想卡片呢？

按照陽志平先生的做法，可以把卡片分成七類：術語卡、人名卡、反常識卡、金句卡、行動卡、技巧卡、任意卡。

一般而言，閱讀一本書是最容易累積卡片的方法，因為一本裡有很多滿足這些分類的素材。另外要注意的是，這裡提到

的這個做法，是以增進寫作能力爲目標，所以有些分類（如金句卡）對你來說可能沒那麼重要。

我建議你根據自己的需求，設定自己的卡片分類。假設你是做音樂的，或許可以增加「旋律卡」的分類；如果你在找能賺錢的點子，增加一個「商業案例卡」也很不錯。

又或者，你想增強換位思考力，那麼可以積累「情緒卡」，在卡片描述一下情緒詞彙。

如果你想要變得更有邏輯，那麼可以製作「邏輯卡」，在卡片寫下「Why? What else? What else?」的回答。

如果你想透過獨立思考發展出一套有別於他人的工作和處世原則，那麼可以製作「反思卡」，在卡片寫下你對生活和工作的種種反思。

當然，以上的分類都僅供參考，你不一定要採用。事實上，我更建議你按照自己感興趣的方式製作卡片，畢竟製作卡片需要時間和精力，如果要讓你記錄自己不感興趣的素材，那可能會變成一項苦差事。

所以除了直接設定卡片分類之外，你也可以把順序調轉，先在日常裡把那些你有興趣、對你有幫助的素材做成卡片，至直到累積了三百張左右，再根據自己累積的這些卡片做一個總結分類。

注意：我說的是「有興趣」的素材，而未必是「有樂趣」的素材。閱讀一本你有興趣的專業書籍，往往能得到許多高品質的

素材，但僅僅爲了有樂趣而閱讀網路爽文，那得到的素材品質不會太高。

那麼，卡片本身有什麼形式規定呢？其實聯想卡片沒有這方面的限制，但有一些原則：

1. 卡片沒有字數限制，但要盡量言簡意賅
2. 卡片沒有大小限制，也可以用電腦軟體來製作卡片
3. 卡片無需命名，但要做好分類
4. 記錄的過程要盡量以自己方便爲主，但不要直接照抄
5. 可以規定自己每天寫 3 張卡片，這樣一年下來就會有大約 1000 張卡片
6. 就算當天沒有遇到什麼特別感興趣的素材，也應該堅持寫 3 張卡片

思考的好壞往往取決於手上的素材，邏輯的好壞取決於你學過的知識。而製作卡片，就是用實體的方式，打造思考的基本盤。

下個章節，我們會一起打開思考過程的黑箱，看見自身思考的過程。我們也會把本課程從開始到現在學到的 4 個思考力，總結成統一的系統。

重點整理 ●●●●●●●●●●●●●●●

本章節我們從介紹了兩個幫助思考的工具：「聯想清單」
和「聯想卡片」。

①聯想清單

適合在日常工作中使用。尤其當你的工作需要創造力，或
是要處理較複雜的計劃時，聯想清單能有效減少工作中的
「卡關狀態」。

聯想清單之所以有效，主要是因為我們的大腦會在兩種模
式來回切換：發散模式 vs. 收斂模式。

身心放鬆時，大腦會切換到發散模式，這個模式下的大腦
更容易產生不同的聯想、靈感。因此發散模式適合用在準
備聯想素材的時候。

和發散模式對立的，是收斂模式，也就是專注的狀態。在
收斂模式下，你的工作效率最高，但也容易因為思緒非常
集中，陷入框架中卡住無法跳脫。

聯想清單有效利用了這兩個模式的特點：在開始專注工作
之前，先以更能產生靈感的發散模式，寫下任何和工作相
關的素材；在開始專注工作之後，借助準備好的素材解決
卡關，確保了專注帶來的效率不會被卡斷。

另外，聯想清單可以在完成工作後持續完善，重複利用。

②聯想卡片

簡單來說，聯想卡片就是把你可以獲得的素材，製作成一張一張的卡片，是把知識或資訊實體化，然後憑藉這些實體卡片來完善思考。畢竟我們的記憶總是靠不住，遇到問題時，你可能可以從記憶裡調用一兩個角度思考，而卡片則不會有這樣的限制，透過卡片進行聯想能讓思考變得更多元、更全面。

我們舉了小說家納博科夫的例子，納博科夫在創作時，不是順序寫完一章再寫另一章的，而是在多個章節來回跳躍，卡片的素材像是拼圖，拼到哪裡，哪裡就成了故事的一部分。

而聯想卡片對我們來說，或許可以帶來「比自己更大的東西」。按照興趣累積製作卡片，或許就能透過拼圖的方式，把興趣拼成夢想與使命。

但最低限度，聯想卡片對我們來說，都是對自身思考的修煉。因為凡是思考，皆是聯想，而凡是聯想，皆有素材。

—— 5-2 ——

如何用肉眼
看見自己的思考過程？

上一個章節，我向你推薦了兩個思考工具，一個是聯想清單，一個是聯想卡片。

了解了這兩個工具之後，不知道你有沒有和我一樣的想法：既然「凡是聯想，必有素材」，那我們是否可以把思考的素材都描繪出來，從而看見我們的思考過程，進而更了解自己是怎樣思考的呢？這正是我們接下來要做的事情。

但在開始之前我想先提醒你一點，本章節用上大量的圖表來描述思考的過程，某些部分可能會比較抽象、晦澀，如果你有跟不上的地方，我建議你回到上一個段落閱讀。

另外，在描述思考的過程裡，我們會用前面四章談過的核心知識點舉例。你看完了這個章節後，便等於回顧了前四章的內容，你還會看到前四章的內容、前面的四大思考力，是怎麼透過思維聯想論串聯成同一個體系的。

思考是如何進行的

好了，進入正題。

我從以前就在想，思考這件事情到底該怎麼描述呢？當我看到別人提出一個很聰明的想法，我會覺得好厲害，但他到底是怎樣想到的呢？

我試過直接問過這些人，而得到最多的回答就是：我自己也不懂，就是忽然想到。

這就是思考的黑箱——人通常都不知道自己的結論是怎麼得來的。你知道自己有在思考，但你無法觀察思考的過程；你只意識到想法蹦出來，但具體過程如何你不知道。

那怎樣才能看見思考的過程呢？對此，思維聯想論可以提供一個窗口：如果思考就是聯想，而最簡單的聯想思考就是把兩個概念放在一起，用圖表示如下（**圖 5-1**）。

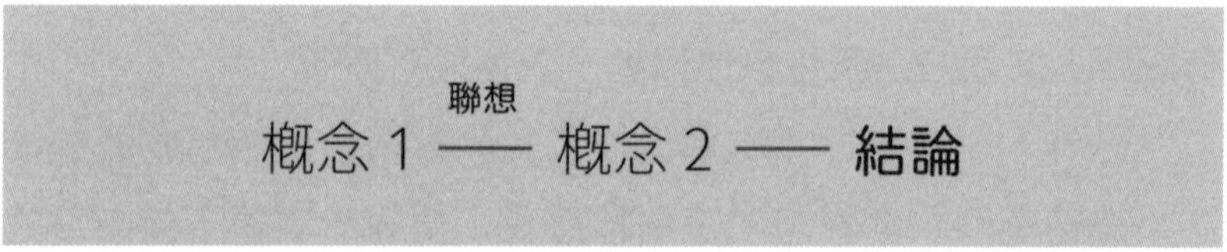

概念 1 —— 聯想 —— 概念 2 —— **結論**

圖 5-1：基本的聯想鏈條。

我們不妨把第一個位置稱為第一概念，第二個位置稱為第二概念，最後的位置稱為結論。這是最簡單的聯想思考。

而在現實的情景裡，第一概念通常來自感官接收到的資訊，例如，當你在廚房看到一隻老鼠，你的眼球捕捉到了圖像資訊，然後大腦把圖像資訊翻譯成「老鼠」這個概念。

而第二概念則通常來自你自身的經驗，當你認知到老鼠就在眼前，大腦可能會迅速的聯想到，老鼠是很骯髒的，然後迅速產生不要接近牠的結論。

這樣，我們就得到了日常生活裡常有的直覺反應。也就是大腦接收到一樣東西形成概念，然後聯想迅速地發生，最後做出反應（**圖 5-2**）。

老鼠 —— 骯髒 —— **遠離**

接收資訊 —— 聯想到經驗 —— 行為反應

圖 5-2：透過聯想圖描繪出直覺反應。

現在，我們來回想第一章提到過的例子，我們提到過一個經驗豐富的消防員隊長，在進入了一個看似已經被撲滅的火場後，感覺耳朵有種異常的熱，因此直覺判斷出房子有危險，然後讓所有人趕快離開。結果大家才剛離開，他們原本站著的地

板就崩塌了，最後才發現地下室還在燃燒。

　　而如果用本章的語言來描述，那會是這樣的：「耳朵感覺異常的熱」這個概念，和「被撲滅的火場，耳朵應該不會察覺熱」這個概念聯想了起來，得到結論「火場還在燃燒」（**圖 5-3**）。

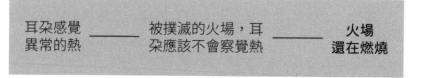

耳朵感覺 ——— 被撲滅的火場，耳 ——— **火場**
異常的熱　　　 朵應該不會察覺熱　　　**還在燃燒**

圖 5-3：救火現場的聯想圖。

　　但是，為什麼其他消防員沒察覺不對勁，只有隊長直覺到了危險呢？

　　我們說過，這是因為所有的直覺都是有根據的，而直覺的根據則取決於個人的經驗知識。用本章的語言來說，就是「第二概念」的變量，取決於邏輯網。

　　這裡也順便提醒一下，用我們課程的語言來說，邏輯網的含義就是「一切經驗、知識，連接形成的網路」。

開啟第二輪刻意思考

那麼，大腦是怎樣在大量知識裡找到其中一個合適的進行聯想的呢？

要解答這一點，我們就要引進第一章的雙重歷程推理了：系統一（直覺思考）和系統二（刻意思考）

一般而言，如果是來自系統一的聯想，這樣的過程就已經在神經元層面被大幅加強過了。

比如說打籃球、駕車、做 1+1 的數學題、熟練的專業技能、專業的識別能力，這些我們曾經大量重複過的事情，早就在大腦的神經元裡形成了「快速通道」，能在我們意識不到的情況下完成聯想。

簡而言之，消防隊長的大腦之所以能迅速地，從海量的經驗裡聯想到當下最需要的經驗，而沒有被所謂的「資訊過載」導致大腦當機，是因為隊長對火場足夠熟悉，這讓他能迅速識別火場的各種細節。

系統一的直覺產生過程，是透過迅速的聯想；但如果是系統二的話，那麼這個聯想過程就會緩慢許多。

舉例而言，上一章你在思考磚頭有什麼用途的時候，你可能一開始很快的透過直覺想到幾個用途，但之後你就開始覺得吃力了，想了很久都想不到磚頭的其他用途。其實就在你感到

吃力的時候，系統一已經自然地換檔到系統二你的系統二緩慢的在邏輯網裡尋找著能對應的聯想。

　　但問題是，你的邏輯網裡沒有記載那麼多和磚頭相關的知識，所以你想得很辛苦，但還是無法想多幾個用途。所以你想不到更多結論的原因，本質上是因為第二概念的缺失（**圖5-4**）。

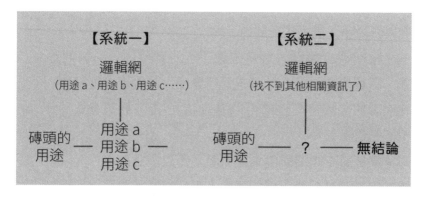

圖 5-4：缺少第二概念，故無法得出結論。

　　不過，我們在講創意思考的時候，講到了一個技巧可以解決這個問題，就是用身邊能看到的東西來對磚頭進行聯想，強行的置入「第二概念」。

　　所以我們需要開啟第二輪刻意思考，比如說，你看見身邊剛好有一包魷魚片，那結合磚頭和過去你對魷魚片的認識，你就能想到「磚頭可以用來壓扁魷魚」的結論。

在這個刻意思考的例子裡，你的系統二首先是從邏輯網裡，找到了解決問題的聯想技巧，透過聯想技巧找到了魷魚片，最後魷魚片這個概念和磚頭的用途聯想了起來，得到製作魷魚壓片的結論（**圖 5-5**）。

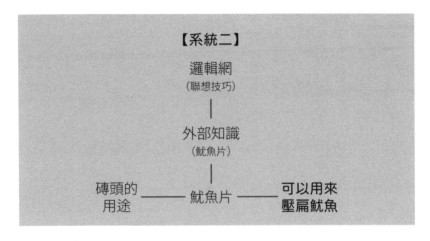

圖 5-5：導入外部知識，強行置入第二概念。

如何描述思考：聯想圖

你可能注意到了，在這裡我們導入了「外部知識」這個因素。現實生活的思考，也經常有外部知識的介入，比如，你在想問題的時候會去找資料、會去問人之類的，這些動作都是把外部知識導入到思緒裡。

你看，現在我們把思考的過程、動念，清楚地用圖像描述出來了，而這種描述思考的方式，我稱之爲「聯想圖」（**圖 5-6**）。

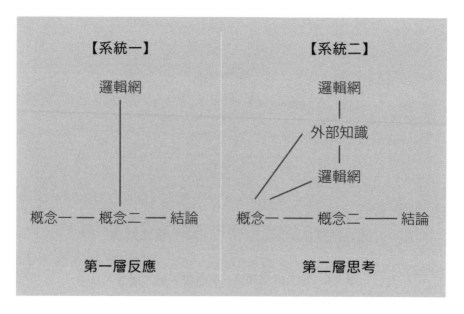

圖 5-6：聯想圖。

和創意思考類似的，邏輯思考也可以用聯想圖來描述。我們再次用回熟悉的福爾摩斯和道士的例子，如果用我們的方法來描述，那麼福爾摩斯的思考大概會是這樣的（**圖 5-7**）。

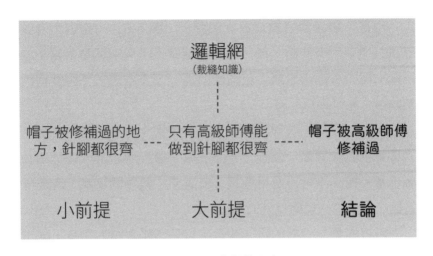

圖 5-7：福爾摩斯的思考。

　　福爾摩斯看到了帽子，留意到「帽子被修補過，針腳都很齊」，這形成了第一概念。這一概念很自然的引發了裁縫知識的調用，讓福爾摩斯立刻做出帽子被高級師傅修過的結論。

　　而如果我們把第一概念和第二概念，換成大前提、小前提，你會發現這兩者是完美契合的。也就是說，聯想圖可以涵蓋邏輯三段論。

　　另外，我們都知道福爾摩斯對推理駕輕就熟了，福爾摩斯很可能是靠直覺得出結論，所以這個圖用的是虛線。

　　現在，讓我們轉換成道士的例子（**圖 5-8**）。當道士看到那頂被遺留下來的帽子後，他迅速地做出了鬼魂依附著帽子的判斷。而由於道士習慣了用道術的那一套方法思考，因此他的結論很可能是來自系統一。

　　現在，我們不妨假設這位道士有著獨立思考的精神，而獨立思考我們在章節一說過，它是在第一層反應之外，進行第二層思考。獨立思考不是用系統二去延伸系統一的反應，而是用系統二作出第一反應以外的結論。

　　所以懂獨立思考的道士認為，自己不能單純的從第一反應下判斷，於是他重新開啟新一輪思考：除了「有鬼」之外，還有什麼其他結論嗎？他看著帽子，想到這種問題用偵探的思維來解決最為適合，因此他換位思考，轉用偵探的角度來看這頂帽子。

　　首先，道士的換位思考取決於他對偵探的認識，可能他印象中的偵探就是特別關注細節，因此他開始關注起帽子的細節。他在觀察中發現帽子修補過很多次，這個資訊激發了對應的聯想，他知道一個人捨不得丟棄某樣物品，就代表這物品有著特殊的意義。所以他最後推斷，這帽子對它的主人來說有特殊意義。

　　這裡，我們在聯想圖中間引入了一條獨立思考線，它代表對第一反應的隔開，你接下來的思考不是為了延續第一反應，而是開啟嶄新的思考。

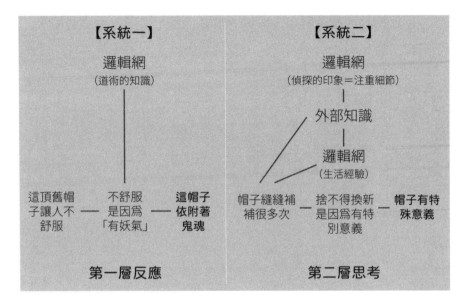

圖 5-8：用聯想圖完整描述道士的思考過程。

一切思考，皆有跡可循

　　聯想圖可以兼容我們課程裡談到的多種思考，它可以用來描述直覺和刻意思考、邏輯思考、獨立思考、換位思考和創意思考，甚至可以用相當精簡的方式，同時描述其中幾種思考。

　　事實上，除了本課程提到的思考力之外，聯想圖也可以描述世上絕大多數的思考——只要這種思考是可以用文字或符號描述的。

比如說，醫生為病人診斷的思考過程，也可以用聯想圖來描繪（圖5-9）。

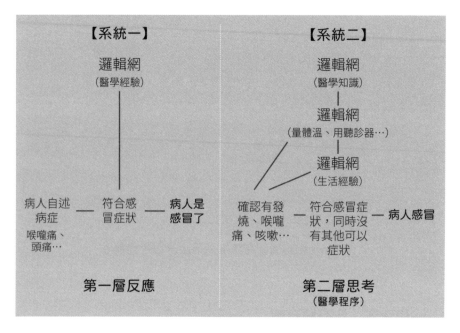

圖 5-9：醫生為病人診斷的思考過程。

想像這樣一個情景啊，有個病人走進診所看病，醫生問病人，你今天來是哪裡不舒服啊？

病人說我覺得頭痛、喉嚨痛，然後有鼻涕。醫生一聽，直覺就告訴他這很可能是一般的感冒，但是醫生不會單靠直覺就

直接下診斷，他會開啟新一輪思考，調用各種醫學手段蒐集病人的資訊。

比如說，幫病人檢查體溫、檢查喉嚨、使用聽診器，然後問問病人有沒有痰？有痰的話那麼是什麼顏色的？有沒有身體酸痛和咳嗽？

得到這些資訊後，醫生認為這符合一般感冒的症狀，也可以排除其他疾病的可能性，最後才下診斷說，你得了感冒。

你看，同樣一張聯想圖，我們可以用來描述醫生的診斷過程，可以用來描述創意思考，也可以用來描述道士的換位思考。

而這正是因為，世界上所有的思考，其實都是類似的。大道至簡，人和人的思考內容可以很不同，但思考的過程、思考的機制，並不會有什麼不同。

我們從第一概念出發，經過一輪的資訊整合後得到第二概念，然後第一概念和第二概念聯想起來，就有了結論。

當然，有時思考並不是那麼直截了當，而是可以很迂迴的，這通常體現在**資訊整合**的階段，也就是幫系統二尋找合適的第二概念的階段。

比如說，你寫程序的時候要 debug 很多次，才能得到最好的結果；比如你做投資決策時，來回琢磨幾個股票不知道到底該買哪個；又比如說，當一位醫生面對比較複雜的病例，他需要考慮多種可能的病，需要來回檢驗測試，直到獲得可以肯定

的答案為止。

用聯想圖來描述的話，那就是思考的後續會一直延伸下去。

而這也是描述深度思考和多元思考的方式，你不止是第一反應之外，進行第二層思考，你還進行第三層、第四層，乃至無數次思考。

好了，現在我們已經透過聯想圖，窺探到思考黑箱裡的過程，讓思考這一件事情不再那麼抽象。如果你感興趣的話，你可以動手畫一畫自己的聯想圖。比如說，你可以描述一下自己在工作中遇到的一個問題，然後你是怎麼想出解決問題的結論的。

那麼實際上，我們是否應該在工作中使用聯想圖來思考問題呢？

答案是否定的。因為我們做這個練習的目的，只是為了理解思考的過程，而不是用它來取代我們的思考過程。事實上，如果每次思考都要用聯想圖描述出來，那一定會讓你的思考效率大大減低，因為太花時間了。

一個出色的思考工具，必須是極其簡單又極其開放的，操作複雜的工具只會加重思考的負擔，而太多規則又會限制了思考的可能性。

聯想圖在這方面並不合格，所以不建議你將聯想圖看作是一種思考工具，而應該將他看作理解思考過程的一扇窗，這扇

窗能幫助我們在理解自身思考後，不再覺得「思考」這件事情無跡可尋。

那麼，什麼樣的思考工具符合極其簡單又極其開放的性質呢？

答案就是我們上一個章節談到的聯想清單、聯想卡片。

我希望，當你看見了思考過程的樣子，你就不會對思考這件事情，有任何未知的恐懼，不再覺得思考是複雜晦澀的難題。

我希望在日常生活裡，當你面對任何領域的高手時，你都能滿懷信心地說：我也能成為那樣的高手，因為我們的思考框架是一樣的。

打破未知的恐懼，有信心成為更好的自己，這是我想讓你看見「思考」這件事情的原因。

重點整理 ● ● ● ● ● ● ● ● ● ● ● ● ● ● ●

這個章節我們從思維聯想論出發，推導出將思考過程可視化的方法：**聯想圖**。

聯想圖能夠描述了本課程提到的主要思考方式，例如直覺思考、獨立思考、邏輯思考、創意思考、換位思考等等。

我們發現，原來思維聯想論可以將本書中所提供的所有思考方式，整合打通起來，成為一個通用的框架，一個簡易的思考系統。

—— 5-3 ——

提升思考力的 3 個路徑

　　儘管聯想圖已經能同時描述多種思考方式，看起來也已經有點複雜，但對認知和心理學有研究的同學，可能會覺得這張圖對比真實的人類思考，還是有很多簡化的地方，有很多細節被忽略了沒有描述。

　　沒錯，像人的情緒、偏好、先天本能等因素是如何左右聯想的，大腦的神經元網路是怎麼篩選和組合出一個想法等等，這些聯想圖都沒有觸及到。

　　但在我看來，這種對細節的忽略是一種優點。因為人腦能同時處理的資訊是有限的，如果聯想圖有太多的細節，我們會很容易見樹不見林，理解和思緒會失焦，聯想圖就失去了它作為一扇窗口的意義。

　　所以我們雖然看見了思考的過程，但嚴格意義上來說，我們只透過一扇窗口看見了一面。無論是聯想圖還是思維聯想論，都是一個用以理解思考的簡易框架。

現在，如果你在看過聯想圖之後，覺得這張圖對你的思考描述頗爲準確，感覺裡面已經包含所有思考過程的關鍵元素了，那這又意味著什麼呢？

這意味著，真正有效提升思考力的路徑，也已經藏在這張圖裡。

更具體地說，這裡面至少有 3 個有效的增強路徑。

第一個路徑：透過學習豐富你的邏輯網

你可能已經想到，在聯想圖裡面，人與人最大的差別就在邏輯網這個部分。無論是醫生、道士、偵探還是發明飛機的人，思考的機制很大程度相同，但邏輯網的內容很不一樣。

前面也不斷強調，邏輯網裡面有什麼素材，決定了你思考的可能性。而這就自然能得出一個結論——提升思考能力最直接的路徑，是提升邏輯網的素材，是大量的學習知識。

這其實很有趣，如果你有看過我寫的《深度學習的技術》這本書，你就知道最有深度的學習方式，是思考。而本書則在強調，要提升思考就必須大量學習。

所以思考和學習，這兩者是相輔相成的，缺一不可。

總之，顯而易見地，第一個提升思考能力的路徑是學習。但本書並不會討論如何學習，這是另外一個話題，你可以在《深

度學習的技術》這本書裡找到非常詳細的解說。

在這裡，我們只簡單提到，怎樣的學習策略，才能最高效地增進思考。

如何透過學習增進思考

我們知道邏輯網決定了思考的可能性，可是我們不能因此盲目地看到什麼就學什麼，這太隨機了，你學到的可能不是你迫切需要的知識。

要透過學習增進思考，你首先要問自己一個問題：你是想要增進更廣義的元思考呢，還是只想要增進專業上的思考力？兩者有很大的不同。

簡單來說，所謂元思考就是「思考如何思考」，像元知識就是「產生知識的知識」，元學習就是「學習如何學習」等等——而如果你想要增進元思考，那麼直接學習認知科學、行為經濟學、演化心理學、正向心理學、普通心理學等等，所有屬於心理學範疇的知識，都能增加你的「元思考」能力。

這裡，我不是要勸你放下當前的學業事業，去報考大學的心理學系，你只要把學習的時間分配到閱讀心理學書籍即可，有許多容易閱讀的心理學入門書籍。

而增強元思考的好處是，你會更了解到日常裡的思考如何

進行、更能掌握自己的心理活動，也會對人的行為和動機有更準確的判斷。

事實上，這本書也屬於增強元思考的範疇。

而如果你對人的心理或元思考沒太大興趣，你想要增進專業上的思考，那麼我建議你一定要完成書後附錄的第二個練習，畫出你自己的能力圈，然後按照能力圈的三個圈子逐步拓展學習。

舉例而言，如果你是大學生，那麼你應該要把所有的學習時間放在和你學業相關的知識裡，只有當你有多餘的時間，才隨著興趣看看其他領域的書籍。

如果你剛畢業進入職場，那麼 80% 的學習時間可以放在第一個圈子，也就是你的本行。剩下的 20% 的時間放在第二個圈子，也就是和你的本行高度相關的領域。

而如果你是遇到能力瓶頸的專業人士了，由於本行的知識你都幾乎掌握了，所以只需要較少的時間跟進一些前沿知識。而主要 80% 的學習時間，則應該用在跨領域學習上，透過聯想這些領域的知識來獲得突破瓶頸的洞察。

另外，把剩下的 10% ～ 20% 的時間，放在第三個圈子，去探索那些看似無關的，但你感興趣的領域。這些無關的知識離你專業很遠，但卻有可能藏著同行們從未發現的新橋樑、新聯想。

近幾年，跨領域學習好像越來越受到注重，但其實有更多

的人不知道跨領域學習的好處是什麼，自己又爲什麼要跨領域學習。

而用本書的語言來說，跨領域學習的目的和好處，就是能夠增進思考，爲自己累積更多的素材，讓思考的極限和可能性可以一直擴張下去。

第二個路徑：拓寬你能調用的外部知識

好了，第一個提升思考能力的路徑是學習，那第二個路徑是什麼呢？

我們看回圖 5-9 就可以發現，醫生在調用了邏輯網之後，轉而調用外部知識來重新定義第一概念。所謂外部知識，就是不在你邏輯網裡面，但可以透過手段獲得的知識。

比如說，醫生不會知道剛上門的病人體溫是多少，就算他很有醫學知識，能猜到病人的體溫不會超過哪些範圍，但他還是必須測量過病人體溫之後，才能知道病人的準確體溫。

又比如說，你待會要在家準備晚餐，然後你想起昨晚看到一個網路烹飪節目，裡面有教怎樣做黑胡椒羊排。雖然你沒有記住具體的食譜和步驟，這個烹飪知識並不存在在你的邏輯網，但你還是有信心能成功做好這道菜，因爲你知道你隨時可以調用這個外部知識。

　　曾經有朋友來我家時，就曾經問我：你買那麼多書，能看得完嗎？老實說，他眼前看到的書並不算多，我還有一大堆藏書都是電子書形式的。我給他的回答是：沒有，我無法看完這些書，很多書我都是看了幾眼就放回書架了。

　　這不是因為我習慣浪費，而是因為我知道我買這些書的目的，是為了拓寬我的外部知識。當我遇到一個問題，或者延伸出一個想法、需要有資料佐證時，我可以立刻從身後拿出相對應的書籍，進而獲得這塊我邏輯網裡缺失的素材。

　　和幾個世紀以前的人相比，我們現代獲取外部知識的手段更多、更方便，你有什麼問題只要搜索一下，就會出現一大堆相關知識。

　　甚至有些人認為，這樣便利的搜索引擎讓現代人變笨了，因為很多人在做決定的時候，都是靠網路搜索得到的知識，而不用自己思考。

　　久而久之，不思考的人們就變得不會獨立思考，對事情沒有自己的見解，於是就有了搜索引擎讓現代人變笨的說法。

　　但你看聯想圖就能知道，外部知識對第二概念的可能性也有很大的影響，一個無法調用外部知識的人，能產生的聯想數量會大大減少。

　　事實上，外部知識的總量，肯定是大於你自身的邏輯網的，因此能夠調用豐富外部知識的人，他們的思考極限，理論上會更加廣闊。

當今社會的聰明人，沒有誰會不借助網路的力量獲得思想上的突破，你要搜尋科學文獻的時候也必須要連上網路，對吧？

所以結論很簡單：搜索引擎能讓我們獲得更豐富的外部知識，這讓個體思考的極限大大拓寬，人們沒有因此而變笨了，而是變聰明了才對。

同理，第二個增進思考能力的路徑，就是透過拓寬你能調用的外部知識，進而拓寬思考的邊界。

外部知識的三個特質

當然，我們現在能調用的的外部知識已經夠寬了，網路上應有盡有，甚至有點資訊超載的感覺，那為什麼還要建議，去繼續拓寬我們能調用的外部知識呢？

要回答這個問題，我們首先釐清外部知識的三個特質：

第一，你的邏輯網會限制你的外部知識。 在理論上，你可以調用網路裡的任何知識，但實際上你真的能調用的知識是比較有限的。

舉個例子，如果我不告訴你這世界上有「克卜勒 -452b」這個星球的存在，你就不會沒事上網搜尋這個星球的資訊。雖然這個星球的資訊就在網路裡等著被你調用，但你必須首先知道

有這樣的東西存在，然後你才能尋找它、搜索它。

這意味著，就算外部知識無所不包，但實際上你能夠調用的外部知識依然受到邏輯網的限制。這就是為何我們雖然有了那麼強大的知識工具，但還是需要學習。反過來說，學習也不單只能豐富你的邏輯網，還能幫助你拓寬外部知識。

第二，外部知識是有遠近之分的。 在牛頓那個年代，萬有引力是前沿知識，是當代人類的思考極限；但是放到現在，萬有引力是常識，離一般人很近，離極限很遠。

在牛頓提出萬有引力之前，這個概念只存在於他的腦袋；在這個概念提出之後，只有在科學前沿的菁英們知道這個概念；要在很久之後，這個概念才慢慢被人所熟知，成為常識。

同理，現在這一刻的人類思考極限，也只存在在很少一部分人的腦袋裡，他們通常是站在領域前沿的菁英。而就算他們把自己的前沿思想發布到網路上，如果你不知道他們的存在，那也就無緣接觸他們的前沿思想。而只有你接觸到了前沿的知識，你才可能在思考中調用他們的知識，去獲得更前沿的可能性。

所以我們要朝著專業領域的前沿拓寬。不要待在小圈子裡，多一點看看最前沿的人正在怎麼做事，這樣你才有可能在未來的某一天也站在前沿。

第三，有一些外部知識不是透過「調用」得來的，而是透過「開採」得來的。

比如說，一個科學家做了一個前人不曾做過的實驗，那麼這個實驗得到的數據就是不曾被記錄的外部知識，是這位科學家透過實驗「開採」得來外部知識。

當然科學家一般都會發布他獲得的結果。但在現實生活中，更多的情況是有某個人做成了某件事，但並沒有昭告天下。

一個創業者創業成功了，他從中獲得了一些別人不知道的賺錢方法，那這種經驗也能算作是透過「開採」得來的知識，但這種知識很少被公布，只能透過親自接觸他才能知道。

再更典型的例子是股市的內線交易。有一些交易者他們人面很廣，能獲得很多一般人不懂的消息，然後他們根據這種內幕消息去炒股（聲明：此處僅舉例說明，並非鼓勵大家內線交易。）

也就是說，你可以透過自己做實驗、自己嘗試新東西，以此來「開採」一般找不到的知識。你也可以透過拓寬你的人脈，增加你獲得知識的通道。

當然，大多數人的大多數經驗並沒有那麼特別，可是很多網路上不曾記錄的知識，只存在在人的腦袋裡。

第三個路徑：增加聯想的概念變換頻率

好了，講完拓寬外部知識，現在我們來談談第三個提升思考的路徑——增加聯想的概念變換頻率。

我們直接舉個例子來說明：想像有一個樂觀的人和一個悲觀的人，他們同時看到桌面上有半杯水。對此，樂觀者說：「太好了，還有半杯水！」悲觀者卻說：「糟糕了，只剩下半杯水了。」

用聯想圖來描述這樣的情景，我們會說這是他們的第一反應，他們的經驗決定了他們的聯想內容。

但這裡要注意的是，這兩種人雖然有不同的直覺反應，可是這不代表他們無法相互理解。如果讓樂觀者往壞的方面想，他也能想明白悲觀者為什麼悲觀；反之，對悲觀者來說，樂觀也是可以理解的。用聯想圖來描述，就是加入第二層思考。

事實上，我們每個人的邏輯網都同時擁有樂觀和悲觀的素材，面對半杯水，甚至面對大多數的生活問題，我們只要一轉念，就能從悲觀變成樂觀，從樂觀變成悲觀。

也就是說，樂觀者和悲觀者的差別，更多的在於聯想概念的選擇，而不是邏輯網。在這一個例子裡，樂觀者不是在邏輯網裡缺失了悲觀的素材，而僅僅是他沒有聯想到悲觀的素材。

同理，就算你擁有再多的知識，但如果不懂得變換著使用的話，那你能得出的結論、你的思考可能性也將會是很有限

的。反過來說，如果我們能夠增加聯想的概念變換頻率，那就等於增強了思考能力。

透過寫作，將素材鍛造成思想

這本書其實在這一方面也說了很多。

首先，獨立思考就是最直接的增加聯想變換的方式，我們在第一反應之外，進行第二層思考，而第二層之後可以有第三、第四、第五層，可以一直延伸下去。每增加一層思考，其實就是變換了一次概念。

接著，我們在邏輯課裡介紹了深度思考和多元思考，深度思考是透過問「為什麼」來變換聯想，多元思考則是用跨領域的方式來變換聯想。

在換位課，我們介紹了三種換位方式：體驗派本質上就是用親身體驗獲得的經驗進行聯想，分析派的思維盜取就是透過找到共同點來變換聯想，知識派則是透過增加詞彙量來提升聯想的可能性。

在創意課，我們提到了強行打破框架的思考方式，幾乎是用隨機的方式變換聯想，也談到了如何有策略地透過聯想獲得靈感。

　　所以要增加聯想概念的變換，只要善用本書提供的技巧就行，我們前面講過的聯想卡片也可以大大增加變換的頻率。

　　但這裡還是要再多推薦你一個方法，那就是寫作。只要開始了寫作，思考就自然會變得更成熟、更有深度。

　　為什麼呢？如果說鐵匠是透過打鐵的方式，不斷敲打鍛造材料，直到工具成形；那麼寫作就是對素材進行敲打的動作，是把素材鍛造成思想的動作。

　　因為本質上，寫作就是把你對某個問題的第一反應寫在紙上，然後透過不斷反思，去用第一層、第二層、第三層、第四層思考，不斷把一開始那不夠成熟完善的想法，活生生敲打成完善的結論。

　　事實上，有心理學的研究指出：相對於一般透過小組討論學習的學生，那些把寫作作為學習工具的學生，他們的批判性思維會得到增強，解決問題的能力會得到提升。

　　為什麼呢？其實原理很簡單，因為寫作可以幫助大腦完成更複雜的聯想。[3,4]

3　Wale, B.D., & Bishaw, K.S. (2020). Effects of using inquiry-based learning on EFL students' critical thinking skills. Asian Journal of Second and Foreign Language Education, 5, 9. https://doi.org/10.1186/s40862-020-00090-2

4　Kulamikhina, I.V., Kamysheva, E.Y., Samylova, O.A., Balobanova, A.G., & Rakhmetova, E.S. (2020). Development of Professional Communication Skills in Students in the ESP Class: Integration of Communicative and Critical Thinking Approaches. https://doi.org/10.2991/assehr.k.200723.043

　　我們大腦的工作記憶是有限的，我們大腦能同時處理的概念就只有那麼多。比如，我現在請你解出這題的答案：26×2=?，那麼你可以透過心算一下子就算出來，因為你的工作記憶能處理這樣簡單的資訊。

　　但是如果我讓你做的是這個題目：84×48×748×4=?，你試著心算，就能體會到工作記憶被佔滿，甚至超載的感覺了。這道題目你依然可以用乘法算出來，並不是真的不會；但是因為要處理的數字太多，你的工作記憶就處理不來了。

　　而如果我給你一張紙和一支筆，你一定可以輕鬆的算出這道題的答案。

　　同理，在人生裡，有很多可能有潛力的想法、思想、結論，這些想法在想到的那一刻是不成熟的、有很多缺陷的。但這不意味著我們沒有能力去完善它，而是我們不能單靠在心中默想來完善它。

　　而如果你願意拿起一支筆和一張紙，把想法寫下，一次又一次的對它進行各種思考聯想，那麼這個想法就可以變得更成熟完善。

　　另外，如果你有經常分心、思維太過跳躍發散的毛病，那麼寫作也會對你有幫助。這並不是在說寫作能讓人變得專心，而是寫作能幫你把想法記錄在案，那麼即使你途中分心了，思維跳躍去別的地方了，你待會還是可以再重拾這一個想法並繼續發展下去。

事實上，我認爲分心的人，或者思維比較發散跳躍的人，他們會更容易寫出好文章、想出好想法，因爲分心是一種跳出當下的聯想，有時能讓你在不經意間聯想到好創意。

你可能會說，寫作我眞的無法，因爲我完全沒有興趣。但其實你不是沒有興趣，你只是不知道自己有寫作的興趣而已。

因爲最純粹的寫作，不是寫給別人看的，而是寫給自己看的，是一種自我對話。

如果你在日常中，會自我思考、在腦海裡和自己講話，那麼你就有寫作的能力。寫作不過是你把自我對話的內容寫到紙上而已。自我對話，是每個人都會，而且都有興趣的事。

增進思考的寫作 3 步驟

那麼具體該怎麼開始寫作，才能達到增進思考的效果呢？其實就三個步驟：

STEP 1 用意識流的寫作方式寫

簡單來說，意識流就是想到什麼寫什麼。你首先寫下一個主題，或者在聯想卡片的盒子裡抽出一張卡片，然後針對這個主題，腦海裡想到什麼就全部都寫下去，不要停止，也不要咬文嚼字。保持寫作的速度，一直寫到眞的沒任何想法了，才停

下。盡量讓文章有至少一千個字。

STEP 2 用批判流的寫作方式再寫另一篇文章

打開新的一頁，針對你剛才用意識流寫的那篇文章作出評論，這一次你可以用任何你喜歡的速度寫，多少字數都可以。你可以對前一篇文章作出肯定或否定，可以查書、找資料來佐證觀點或證偽觀點；你可以透過問為什麼來延伸想法，可以拿出聯想卡片來對文章進行聯想、組合、補充等等，沒有任何限制。

你發現了嗎？意識流其實就是借助我們的系統一的快速反應進行寫作，而批判流就是借助系統二去進行獨立思考，去用好幾層的思考來檢驗想法。

STEP 3 重複前面兩步，並持之以恆

久而久之，卡片會變成文章，文章會變成書籍。不成熟的想法，會透過寫作這個動作得到昇華；而一個個更成熟的思想，會慢慢滲入貫通你的邏輯網。最終，這個更強大的邏輯網，會成為你有而別人沒有的核心競爭力。

每一次變換概念，你都是在多元思考，是在用新的模型理解問題。

每一次產生新聯想，你都是在換個角度看世界。

持之以恆，便能更清晰的看見真實世界。

下一個章節，我們也會談到，人的心理為什麼會讓我們死守一個概念，鑽牛角尖，而不願意更多的變換聯想。

更具體地說，在你實踐本章節提出的三個增進思考的路徑時，你會遇到一些固有的難題、障礙，而這些我們都會在下個章節談到，並提供你對應的解決之道。

重點整理 ● ● ● ● ● ● ● ● ● ● ● ● ●

總結一下，這個章節我們談到了三個提升思考能力的路徑：

①透過學習豐富你的邏輯網

對此我們談到了如何利用能力圈來制定跨領域的學習策略。首先你要把所有時間用來學習你的主要專業，在遇到瓶頸後，慢慢的將學習遷移到靠近的領域，最後才是那些明顯不相關的領域，從而開拓思維的極限。

這樣做的好處是：你能夠兼顧本來的專業，同時又能逐漸地拓展你思考的可能性極限。

②拓寬你能調用的外部知識

我們的大腦所能記憶的東西是很有限的，因此出色的思考必然會借助已經存在於外部的知識，進一步拓展思維的極限。對此，我們提到了對「外部知識」的三個重要認知。

I. 雖然網路和搜尋引擎為我們提供了大量的外部知識，但是只有當你知道 X 的存在，你才會到網路搜索 X 的相關知識。所以縱使你擁有的外部知識再豐富，你還是無法跳過學習。因為只有學習才能讓你調用更多的外部知識。

II. 知識是有遠近之分的。近知識就是常識，人人都懂，隨手可得；而遠知識指的是前沿知識，他們只存在前

沿的人的大腦裡，這也讓他們的思考極限比一般人更遠。要獲得遠知識，就要讓自己處於前沿，或者時常觀察前沿的人物、與他們交流。

III. 外部知識不一定是現成的，很多時候你需要進行「開採」才能獲得知識。例如，科學家做的科學實驗，就是一種在真實世界裡「開採」出外部知識的手段。例如，顯微鏡的發明，讓我們看到原本就存在的微生物，從而豐富了我們的知識，這也是一種「開採」。

③增加聯想的概念變換頻率

有時候想不到一個好結論，不是因為你的邏輯網裡沒有相應素材，而是因為你沒有多換幾次思考方式來看問題。比如說，每個人都能夠樂觀或悲觀的看事情，但由於人們很少變換思考角度，所以才有那麼多的盲目樂觀者和盲目悲觀者。

我們還談到，本書前面的四個章節所提供的思考方式，以及本章節提到的聯想卡片，其實都能夠增加聯想的概念變換頻率。

思維聯想論告訴我們：所謂的努力思考、所謂的深思熟慮，其實就是努力變換用以聯想的概念，持續把玩思考的角度。而對此，寫作就是一種讓你輕鬆達到深思熟慮的方法。

—— 5-4 ——

解決思考的 3 大障礙

上個章節我們談到了，增強思考力的三個主要路徑。而這個章節我們就來談談，在實踐這些路徑時，你分別會遇到的主要障礙。

注意：這裡要討論的障礙，並不是「沒有時間」、「懶得運用思考技巧」之類的問題。因為這種「障礙」只要你有心，就一定能克服。

那真正的障礙是什麼呢？——是人的認知盲點、人的原始本能、後天滲入的錯誤觀念。這些障礙會造成主動變換聯想的頻率降低，會阻礙你拓展邏輯網和外部知識的調用。

本章節，我們就來討論 3 個會嚴重妨礙你變得更擅於思考的障礙，並提供你具體的應對方法。

第一個障礙：認知偏誤

第一個障礙是認知偏誤。

如果你是有在看我說書部落格的讀者，應該在那裡了解過不少認知偏誤的知識。這裡我們只說一個最頑固、最限制思考力的偏誤。

想像有一個人叫小明，他常常投機和分析股市，最近他重倉買了一支科技股，然後他告訴朋友小強說，他收到一些內線消息，說這一支股票遲早會狂漲。果然，在他進場的隔天，股票漲了 10%。

小明因此欣喜若狂，而小強因為不了解股票，所以只是祝賀而沒說什麼。

又過了一天，小明買的那支股票忽然一瀉千里，不止跌破了小明買入的價格，還讓小明在帳面上虧損了 15%。但是小明沒有慌張，反而加碼買入。他告訴小強這背後的原因有二：一是操盤手為了把散戶「甩下車」而特意讓股票暴跌的，現在這輛車的重量變輕了，是時候起飛了。二是散戶們只看見蠅頭小利早早退場，所以這次的跌幅只是「技術性調整」。

小強回應說，我不知道這些理論，但我覺得你有可能被散播內線消息的那個人騙了。

過後的幾個星期，這支股票的負面消息頻繁傳出，陸陸續續又跌 40%。這期間小明又再買入，他相信這是真的落底了，

這支股票從來沒跌過這麼低。小明告訴小強一句巴菲特的名言，那就是：別人貪婪我恐懼，別人恐懼我貪婪。

小強回應說，這名言聽起來挺對，但如果那支股票的公司破產了怎麼辦？

小明說我分析過了，它不可能破產。但最後的結果是：這支股票的公司因為做假帳被揭發而破產停牌，小明的所有倉位清零。

故事說完，不知道你是否有發現：小強雖然不懂股市，但卻是裡面最清醒的人；而小明是一個整天研究股市的人，卻分不清真假，吃盡了苦頭。

換句話說，如果只看邏輯網的內容，那麼小明肯定是比小強更豐富的，但小明就是轉不過來，一直思考就一直得出「股票會漲」的結論。

而這正是認知偏誤裡最頑固的**「確認偏誤」**所致。簡單來說，確認偏誤是指個體會主動搜索支持自身觀點的證據，但卻對反面的證據選擇性視而不見、選擇性忽略。

也就是說，確認偏誤讓小明的思考只關注證明他對的事情，就算他邏輯網裡面本來就有規避風險的知識、就算他的外部知識不斷告訴他這個公司有問題，但他最終還是選擇忽略。

和小明相反，小強雖然沒有股市相關的知識，但因為他沒有被確認偏誤所影響，這件事無關他的利益，也沒有任何要捍衛立場的理由，所以他光是用常識思考，就能比小明更清醒。

在這個例子裡，邏輯網的強大，無法給小明帶來優勢。

有研究顯示，就連追求客觀思考的科學家，也會犯下確認偏誤。有時科學家做出來的實驗不符合一開始的預期，他很可能會判斷這是實驗哪裡出了錯，或者出了些技術性問題，而不是坦然接受自己一開始的假設錯了。[5]

確認偏誤會影響我們大大小小的思考決策，無論是投資決策、事業選擇、政治立場還是先入為主的偏見，所有這些都和確認偏誤有關。

那麼面對這種障礙，有什麼解決方法呢？

首先，要知道確認偏誤來自人的天性，因此解決方法不是和天性對著幹，而是用另一種天性取代這一種天性。

忽略自身錯誤是人類的天性

不知道你有沒有發現，大多數人在談論別人的缺點和錯誤時，總是頭頭是道、滔滔不絕，但對於自己的缺點和錯誤卻總是不夠自覺。

5　Yanai, I., & Lercher, M. J. (2021, April 20). Does the data do the talking? Confirmation bias in the interpretation of data visualizations. https://doi.org/10.31234/osf.io/q8ckd

　　爲什麼呢？我們不妨從演化的角度來解釋。

　　我們知道，人是群體動物，人類需要透過合作才會有生存優勢，而有合作就會有信任和不信任之分，就算是原始人去打獵，他也會找他能信任的夥伴一起去，而不是找不能信任的人。

　　也就是說，一個人如果喪失了他人信任的話，就會失去與他人合作的機會，而這會導致他失去人類的核心生存優勢。那怎樣才能保持他人對你的信任呢？

　　一個方法就是否定和隱瞞缺點。當你做錯事，只要隱瞞這件事不被人發現，那麼信任就不會被影響。又或者你的能力不是很好，但你不斷否定、不斷找證據證明自己能力其實很好，然後選擇性忽略對你不利的證據。如果別人因此被說服，就會信任你，給你合作機會。

　　每個人都有缺點或犯錯的時候，而透過否定和隱瞞缺點，一個人才得以保護自己的信譽，別人才會持續與他合作。人類就是演化出了這種天性，而這天性做爲一種生存優勢，在演化的過程中保存了下來。

　　像這樣選擇性地忽略錯誤、選擇性地尋找證據證明自己，豈不是和確認偏誤的特徵很像嗎？

　　是的。確認偏誤在過去和現在，都是一種生存優勢。這種偏誤對社交有良好的影響，但對人的客觀思考有負面影響。

另外，我們剛才說到，沒有能力的人，會透過否定和隱瞞缺點的方式，去說服別人合作。而這樣的一個結果，就是如果你不幸被說服與他合作後，他就會開始扯你後腿了。

那怎麼辦呢？除非你有識別他人的缺點、揭露他人的錯誤的能力，你對他人的缺點足夠敏感，這樣就能讓你辨別出不值得被信任的人，預防被扯後腿。

也就是說，我們之所以對別人的缺點那麼敏感，說起來總是頭頭是道、滔滔不絕，就是因為這種敏感讓我們更可能找到可靠的合作夥伴。人類演化出了這種天性，而這種天性也做為一種生存優勢，在演化的過程中保留了下來。

如果一個人堅決無視、否定自己的錯誤，但對別人的錯誤卻非常敏感，你以前可能會覺得這是人品問題，但其實這是演化的產物，是人的天性。

而我當我們了解了這種天性，就能反過來利用這種天性達到更好的思考。

你想，既然人會對他人的錯誤那麼敏感，那麼這樣吧，我擔心自己的決策犯了確認偏誤，那我找一個人來對自己進行挑錯，讓他把自己的錯誤都說出來，這樣我不就可以避開確認偏誤造成的盲點嗎？

可以這麼做，但除非你能承受被挑錯，否則這個方法不會有效。或者如果挑錯的人是你相信的、你尊敬的人，那麼你也可能會虛心接受。但也有很多時候，我們會礙於面子，而不想

要在別人的面前承認自己的錯誤。

比如，有很多主管他們口口聲聲說，大家如果對我的想法有意見可以說出來，但真的說出來之後他又不願意接受。又比如說，在剛才的例子裡，小強就曾經多次提醒小明，但小明就是不願意承認錯誤，他尤其是不想要在一個不懂股市的人面前承認。

那有沒有更好的方法呢？有一個技巧，那就是「**想像爭辯**」。

想像爭辯

你可以想像一個聰明人在質疑你的決策和觀點，然後你和他爭辯。這一個聰明人的形象無需是現實裡的人，而可以是完全虛構的，哪怕他只是一個聲音，完全沒有任何形象設定都可以。

你要想像這個人在聽到了你的想法後，他會對你說什麼？如果對你的想法提出質疑，那麼質疑的內容會是什麼？而面對他的質疑，你會提出怎樣的反駁？這樣一來一回幾次，你就等於把正面觀點和反面觀點都想透了。

　　著名投資人查理·蒙格就曾經說過：「如果我不能比這個世界上最聰明的人更能反駁這個觀點，我就不配擁有這個觀點。」

　　我認為他說的，其實就是思考中的這一種想像爭辯。

　　有趣的是，在想像裡這個聰明人所說的東西，其實全都來自你自己的邏輯網，也就是說，你只不過是借助想像力去減輕確認偏誤的負面影響，讓知識的調用變得更靈活罷了，你是用了一種換位方式來變換聯想。

　　古代的哲學家都是透過爭辯的方式來探索真理的，因為他們發現，在爭辯的時候，自己的思考往往能比獨自思考更清晰、更客觀。

第二個障礙：思想同質化

　　好了，說完第一個思考的障礙，我們來說第二個障礙：思想同質化。

　　你肯定聽過「物以類聚，人以群分」這一句話，相似的人總會聚在一起，組成群體。

　　有個研究指出，在約會網站上，如果雙方的學歷相似，他們就更有可能和對方約會。**6**

　　你也可能知道，當一個陌生人和你說著同樣的方言，或者透露出他和你有同一個興趣、玩同一款遊戲時，你會忽然對他產生親切感，好感遽增，哪怕認識這個人才不到五分鐘。這就是物以類聚的力量，我們傾向於和自己相似的人聚在一起，形成一個「同溫層」。

　　形成同溫層後，接下來會發生什麼事呢？網路科學家的回答是：同質化會發生，群體裡面的人會越來越相像。

　　剛開始群體裡面通常會有好幾種聲音，大家可能會提出不同的觀點，比較多元；但同質化以後，群體裡面就會剩下一種聲音，大家雖然變得更有默契了，但同時也喪失了多元性。

　　你可能會想，不對啊，我的同溫層裡就有很多元的觀點啊，我們並不相像。

　　沒錯，你當然和你的朋友還是有很多不同之處，但是別的群體的人，和你們有更多更大的不同之處。如果你有兩個以上、不重疊的社交圈，你就會知道同溫層外的人，肯定會比同溫層內的人有更多差異。

6　Skopek, J., Schulz, F., & Blossfeld, H.-P. (2011). Who Contacts Whom? Educational Homophily in Online Mate Selection. European Sociological Review, 27(2), 180–195. http://www.jstor.org/stable/41236583

　　為什麼同質化會發生呢？你想想，當人們每天都泡在一起的時候，會發生什麼事呢？

　　回答是：這個群體裡的資訊傳播會非常充分。比如，小明今早發生了什麼大事，下午小強就能知道，儘管兩人當天沒有見面。又比如，圈子裡其中一個人發現什麼工作機會、創業機會，群體另外一個人很快就會知道。

　　大家討論的事情多了、資訊的交換多了，就會潛移默化地互相吸收對方的各種觀念，大家的思想也就會越來越同質。

　　這種潛移默化的影響是折衷的。比如說，小明喜歡去昂貴的餐廳，而小強喜歡去經濟的大排檔，那麼兩人為了聚在一起，就可能會選擇一個中等價位的餐廳。久而久之，這就成了兩人的習慣。

　　再舉一個例子，假設辦公室裡有兩種員工，一種要求高、一種求低，如果這兩種人一起共事、需要經常互相配合，那麼他們就會下意識地調整自己的要求，達到一個大家都舒服的折衷點。最後這個折衷點就變成了辦公室裡的共識，大家同質了。

　　其實人類這種互相適應、互相配合、互相達到折衷點的天性，是確保大家能保持合作的關鍵，而結果就是群體裡的成員會變得相似。

思想同質時，突破等於零

那麼，同質化到底有什麼問題呢？

我們上一個章節說過，你能調用的外部知識也會拓展你的思考極限，而如果你身邊的人都有著和你同樣的思想，那麼這意味著你能訪問的外部知識其實是不夠多元、不夠豐富的。

如果你只是在重複過往的日常，那麼大家思想一樣是沒有問題的。但如果你想要獲得有突破性的思考，或是想要人生出現新的機會，那就有必要增加你人脈的多樣性。

為什麼呢？舉個例子，想像你今天第一次參加小學的校友會，認識了一位正在創業的校友。他的公司剛剛獲得了天使投資，他告訴你公司現在需要某個領域的專業人才，他願意高薪聘請，問你有沒有適合的人才可以介紹。

而你湊巧就是這方面的人才，因此在你眼前，瞬間多了一個你之前意想不到的機會。

你原本沒有想過要換公司，現在忽然多出了一個新選項，這不是你努力思考的結果，而是一個你原本不知道的外部知識忽然出現，你才因此得到了這個選項。

在我們的生活裡，只有人會主動投放資訊給我們，所以你平時接觸什麼樣的人（包括媒體），很大程度地影響了你每天接收什麼資訊、產生什麼聯想，以及獲得什麼樣的選項。

如果你平時不接觸人，關閉了所有向你投放資訊的管道，

這雖然可以隔絕許多資訊噪音，但也可能同時隔絕了有突破性的資訊。

如果你只有一兩群朋友，已經很久沒有認識新朋友了，那麼每一次聚會，由於思想同質，你接收的大部分都是你已經知道的資訊，突破也等於零。

只有當你跳出同溫層、結交了新朋友，他告訴了你一些你覺得非常陌生、想都沒想過要上網搜尋的東西，這樣的資訊才最容易幫助你開拓新的可能，你才能從思想同質中解放出來。

所以結論很簡單，應對思想同質化、單一化的方法，**就是主動拓寬你的人脈網路，結交在你同溫層之外的朋友。**

當你遇到了一個邏輯網和你迥然不同、思想和你離得足夠遠的人，概念與概念的聯想，就更可能產生巨大的火花。

第三個障礙：先思考，後行動

好了，說完第二個思考的障礙：思想同質化，現在我們來說第三個障礙：先思考，後行動。

你沒有眼花，這裡說的就是「三思而後行」這種做法，對你來說有可能是增進思考的障礙。

你可能會以為，凡是擅於思考的人，都會在做事情之前經過一番深思熟慮，在得出一個滿意的決策後，才開始行動。

　　但眞實的情況比較複雜，行動之前不是不可以思考，但有時候行動本身就是一種思考。這乍聽之下有點繞口，但舉個例子你就能明白。

　　想像有一天，你被人綁架了，你被蒙著雙眼帶到一個偏遠的小屋。不過幸好，這些綁匪很粗心，他們把你放在房間裡之後就走了，你也成功在房間裡掙脫了捆綁，脫下了眼罩，現在你要逃出這個地方。

　　那麼請問：你是應該先三思而後行呢，還是應該先行動起來探索這個地方，然後才制定逃跑的路徑呢？

　　這時當然是先行動。因爲無論你在原地思考多久，都不可能想像出這個地方長什麼樣子，你對這個地方一無所知，也就無法制定出可行的逃跑路徑。

　　所以最好的辦法就是先行動再說，一邊小心翼翼地探索這個地方。當你對環境有一定的了解之後，才能想出當下的逃跑策略和路徑。

　　其實我們每個人剛誕生到這個世上，都像是被綁架到一個小黑屋裡。嬰兒時期的我們不會知道世界是什麼樣子，只能透過行動來探索，才能慢慢了解這個地方，對這個地方有了相關知識，我們才能夠做出思考。

　　成人的世界也一樣，有太多的未知等著我們去探索，而不開始探索，我們就無從做出更好的思考。

先行動，後思考

有行為學研究指出，一個人到了職業生涯的中期，如果想要轉變職業生涯，那麼決定轉變是否成功的關鍵因素，不在於他的動機有多強烈、生活包袱有多重，而是他有沒有「先行動，後思考」。[7]

想要轉行的人可以分成兩種，第一種人會追求一步到位的，想要在某一天來個說走就走的離職轉行。但研究發現，這種人的轉行成功率很低，就算有些人真的說走就走，沒過多久也會回到原來的職業。

而另一種人，會在正式離職轉行之前，先找份兼職嘗試新工作的滋味；或者先學習新行業的基本知識，嘗試接一兩個小型的外包案子來做。等到確定自己對新工作有足夠的了解後，他們才下決定要不要轉行。研究指出：「先行動，後思考」的人，轉行成功率概率最高；而就算最後決定不轉行了，他們也不會有一絲懊悔。[8]

7　埃米尼亞・伊瓦拉《轉行》（簡）（機械工業出版社，2016）。

8　同前。

　　為什麼這兩種人的轉行成功率會迥然不同呢？因為前者雖然也想轉行，但由於新工作是充滿未知的，因此他無論怎樣思考，都無法確定這決策是不是理性的。

　　而後者是先行動起來，先用行動的方式來試探未知的領域，用行動來「開採」外部知識。透過這些探索獲得的資訊，當然就能幫助他做出更好的下一步決策。

　　你可能有聽說過，現在的軟體公司在研發新產品的時候，會先用最迅速的方式把想法落實，做出一個 MVP「最簡可行產品」（Minimum Viable Product），交給用戶試用蒐集回饋，再根據回饋來改進產品。

　　這種做法大大降低了開發的時間和金錢，而且做出來的產品也更符合用戶的需求。在產品推出之前，「產品是否能受歡迎」的答案往往是未知；而透過先行動起來探索用戶的反應，用 MVP 來開採數據，之後才再思考進一步的計劃，這也是「先行動，後思考」的做法。

　　總而言之，「先行動，後思考」，就是要透過行動來開採真實世界的知識，從而產生更準確的思考。

　　人的邏輯網總是有限的，而大量寶貴的知識，都只能透過行動來獲得。只有當你透過行動得到了這些知識，你才能聯想出最好的結論。

　　另外，要注意的是，這裡不是想說「三思而後行」的做法就不對。當你面對的是你熟悉的領域，想完成的目標是你過往已經有過經驗的，三思而後行就能降低出錯的可能性、消滅你的一時衝動，讓你理性地運用自己既有的知識完成這標。

　　也就是說，三思而後行本身是沒問題的，問題在於當一個人沒有相應的知識，還想透過單憑思考來解決問題、做出決策，這樣的錯誤觀念才會成為出色思考的障礙。

　　最後，我想說的是，要獲得最佳的思考，就不能獨自坐在家中。

　　你要想辦法與人爭辯，嘗試著認識新朋友；你要先行動起來，參與到真實世界的互動之中。

　　這樣，你才能突破一個又一個限制思考的障礙，達到真正的修煉思考。

重點整理

這個章節我們談到了三個思考的障礙：

①確認偏誤

每個人天生就有確認偏誤，我們會很容易接受能支持自身觀點的資訊、對自己的評價有利的資訊，並對反面的資訊視而不見。

用本章的語言來說，確認偏誤阻礙了我們對聯想概念的變換，讓我們心理上難以對反面資訊進行聯想。而解決方法有兩個：

I.　邀請你尊敬的人給你評價建議。

II.　想像你與一個虛構的聰明人爭辯，透過模擬爭辯的方式來變換概念看問題。

②思想同質化

人是社會性動物，我們天生就喜歡和我們相似的人聚在一起，而當形成一個小群體之後，我們會因為大量的彼此交流、互相配合，而造成思想同質化，形成「同溫層」。

思想同質化的結果是，群體裡原本多元的觀點，會被整合成單一的、折衷的，大家都覺得舒服的共識。

而由於單一的思想不利於突破性的思考，因此建議主動結交同溫層外的新朋友，以此來增加外部知識的多樣性，也

增加換位思考的多樣性。

多元的聰明人聚在一起，是思考力加速拓展的最佳環境。

③先思考，後行動（三思而後行）

「三思而後行」這個道理本身並沒有問題，問題出在人的知識是有限的，面對自己不熟悉的問題，我們無法僅僅透過苦思冥想來解決，只能先透過行動開採知識、獲得回饋，最後才能根據這些知識得出更好的結論。

這一個障礙雖然不像前面兩個障礙那樣涉及人的天性，但卻是許多人無法成功的關鍵原因。

這障礙的解決方法很簡單，就是將順序反過來，先行動，後思考。

只有當你在行動中獲得了真實世界給你的回饋，只有在探索過未知之後，你才能制定出攻略目標的最佳計劃。

column

修煉思考的訓練方案

一、每日通勤／任何空閒時間 30 ～ 60 分鐘

透過閱讀、聽書學習新知。

二、每天晚上睡前 30 分鐘

回想今天學到的新知、新洞見，製作成三張卡片。 想好明早要寫的主題。

三、工作日早晨上班前 30 ～ 50 分鐘

用意識流寫一篇一千字以上的文章，主題任意。也可以從前一晚製作的卡片中任選一張做為主題。謹記寫作時保持速度，想到什麼就寫什麼，無論有沒有內容都要寫，像在自我對話一樣地寫，切記勿修改或咬文嚼字。

四、週末早晨起床後 60 ～ 90 分鐘

在過去的工作日裡抽取一篇特別好／有價值／有興趣的文章，針對這一篇文章用批判流的方式再寫一篇。盡力把這一篇文章寫好。

★訓練方案只能作爲參考，你需要自行斟酌選擇一個或多個思考力進行修煉，規劃時間

── 附錄 ──
5 個思考的練習

1. 獨立思考的練習──解答與反問

提問：比特幣市值會超越黃金，還是會在某天跌到一文不值？

運用第一章提到的獨立思考，寫下你對比特幣的看法。

引導：如果你的第一直覺是「比特幣會跌到一文不值」，那麼你就想一想對立面，有什麼原因會讓比特幣持續增值？除了問題裡的兩種結果之外，還有什麼其他可能結果？

相反地，如果你的第一直覺是「比特幣市值會超越黃金」，那麼你就想一想對立面，有什麼原因會讓比特幣跌到一文不值？除了問題裡提到的比特幣之外，還有什麼資產會有潛力取代黃金？

你可以好好研究、查資料、看書，最後把你的思考所得寫下（無論是第一層反應還是第二層思考）。

注意：雖然獨立思考要求你站在自己的對立面思考，跳出第一直覺開始第二層思考，但這不是讓你全盤否定第一直覺，也不是讓你無條件接受第二層思考的結論，而僅僅是讓你審視自己的固有觀念，考慮更多的角度。

獨立思考完成後，固有的觀念未必需要被轉變，但一定會得到昇華。

最後，從你這次的思考中，總結出一個你自己的判斷，把理據和判斷都寫出來。

例如：我起初認為比特幣沒有價值，但現在我改觀了，因為……

我起初認為比特幣沒有價值，我現在依然這樣認為，因為……

筆記欄

2. 邏輯思考的練習——畫出你的思考精進藍圖

邏輯思考的核心要點是：「沒有知識，就沒有邏輯」。

而無論是深度思考還是多元思考——思考能得到怎樣的結論，很大程度取決於個體所擁有的知識，取決於你的知識網。因此，要精進自身思考，自然就得不斷學習新知識。

在這個練習中，我們就透過「能力圈」制定一個屬於你自己的「思考精進藍圖」。

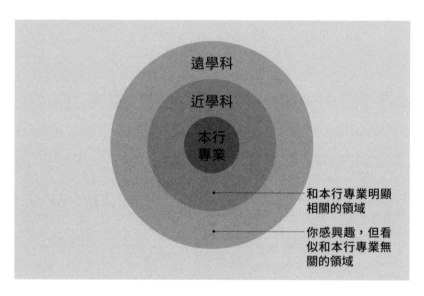

圖 A：能力圈。

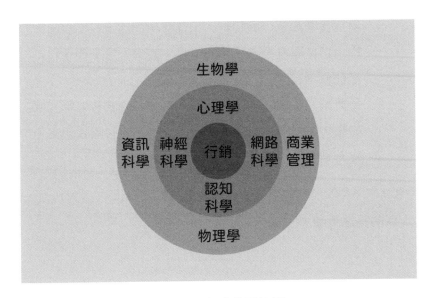

圖 B：思考精進藍圖範例。

引導：

1. 小圓圈是你的本行,是你打算重點培養的專業學科。例如,你是一位行銷人員,那麼就在這個圈子裡面寫下「行銷」。

2. 第二個圓圈是「近學科」,也就是和你的本行有明顯關聯的學科。以行銷人員為例,那這個圈子裡面就可以寫下「心理學」、「神經科學」、「網路科學」等等。以軟體工程師為例,這個圈子可以寫下「數學」、「資訊科學」、「人工智慧」等等。

3. 第三個圓圈是「遠學科」，也就是和你的本行沒有明顯關聯，但你對其很感興趣的學科。基本上這一個學科可以是任何學科。

4. 用此精進藍圖制定學習計劃，具體方法請參考第五章。如果你還沒學到那裡，那你可以先把這張圖收起來，待你看到第五章時再拿出來。

我的精進藍圖

3. 換位思考的練習——情緒細膩化

要更好的換位思考，就需要對他人的情緒反應有更深厚的認識。

在這個練習中，你不妨和找朋友一起交流自己是如何反應情緒的。你可以比較和討論兩人之間的差異，交換你們對同一個情緒詞彙的不同看法。

你會在練習中發現，就算是一個很普通的詞彙，每個人所對接到的情景也可能很不一樣。這能幫助你進一步發現，原來這世界上有那麼豐富細膩的情緒。

引導：

寫下同一種類的 5 個情緒詞彙。

例如：「快樂、愉悅、興奮、爽、高興」或「妒忌、嫉妒、羨慕、不忿、不屑」。

對每個情緒詞彙提出對應的情景描述。

例如：像收到禮物那樣快樂、像在派對那麼興奮、像完成目標那麼愉悅、像坐雲霄飛車那麼爽、像被愛人關心那麼高興。

邀請朋友對你寫下的情緒詞彙，提出他自己的情景描述。

筆記欄

情緒詞彙：

1.

2.

3.

4.

5.

情景描述：

1.

2.

3.

4.

5.

4. 創意思考的練習——找到你的創意泉源

　　創意的品質取決於你的邏輯網，創意的數量來自聯想的數量，而創意的源泉，就是一個知識量大而豐富，又能激發你各種聯想的地方。

　　我以前曾經當過動畫設計師，而每次我和同事們對專案的設計沒有靈感時，就會到 vimeo.com 觀看頂尖設計師們的作品，看看有什麼元素能聯想到自己的專案上，通常都會因此得出好幾個點子。

　　在他人作品裡找到自己專案的靈感，聯想迭代出新作品，是這一行的專業人士的學習模式，沒有例外。設計師的互相交流、互相進步的方式不透過語言，而是透過作品。

　　從這個例子看來，vimeo.com 就是我在當動畫設計師時的創意源泉之一，是幫助我「不斷產生創意的地方」。對大多數軟體工程師來說，他們的源泉可能是 github.com。對一位作家來說，源泉可能是書店。

　　引導：你不妨回憶一下過去，寫下 3 個最能讓你產生好想法的地方，同時主動去尋找 1 個新的、符合「知識量大而豐富，又能激發各種聯想」的地方。

筆記欄

我的 3 個創意泉源

1.

2.

3.

新的創意泉源：

5. 修煉思考的練習

（1）透過聯想圖，看見自身的思考過程

引導：
模組一

在左方「概念一」的位置，寫下這次思考的主題。

例如：我想轉行

1. 在左方的「結論」的位置，寫下你對此主題的第一反應。
   例如：我目前不具備轉行的條件

2. 在左方的「概念二」的位置，寫下這一結論的依據。
   例如：我除了本業的技能，沒有其他技能

3. 在左方的「邏輯網」的位置，寫下依據的來源。
   例如：對自我的認識

模組一結束， 第一層反應結束，下面進入模組二，第二層思考。

模組二

1. 在右方「概念一」的位置，寫下這次思考的主題。
   例如：我想轉行

2. 選擇一個你要的思考角度，你可以在邏輯思考、換位思考、創意思考之中擇其一。

例如：（Why? What else? What else?）

為什麼我不具備轉行條件？還有什麼其他原因？還有更多原因嗎？

3. 在右方「第二層思考」的下方，寫下步驟 2 所選擇的角度。

4. 在思考步驟 2 的問題時，可以把外部知識納入思緒。

5. 在右方「概念二」的位置，寫下你在步驟 2 得出的答案。（如果有多個答案，就寫多個。）

6. 在右方「邏輯網」的位置，寫下答案的根據。

7. 在右方「外部知識」的位置，寫下你調用了什麼外部知識。

8. 在右方「結論」的位置，寫下「概念一」和「概念二」的聯想結果。

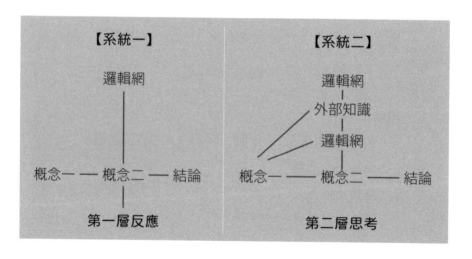

（2）馬上應用！用更嚴密的思考，修訂實現人生目標的途徑

　　這一個練習，我們會用到書中提到的多種思考力，來對「實現目標」這一個主題進行聯想。這個練習會很累人，但能啟發你想到更多實現目標的途徑。讓我們開始吧。

引導：

1. 拿出紙筆，在空白表單左上方寫下第一反應，右下方寫下你要實現的目標。範例中以「升職加薪」為例。

2. 針對你的目標，在左上方寫下你要「如何實現這一目標？」的第一反應。

3. 我們先從深度思考開始審視目標，在中間的劃線位置，寫下三個「為什麼？」，然後針對你的第一反應，寫下你的思考。

   例如：為什麼努力工作能幫助實現你的目標？因為努力工作能產生價值。

   為什麼完成專案能幫助實現你的目標？因為完成專案能得到信任。

4. 將目標與中間的素材進行聯想，在右方寫下你的第二層思考。

   例如：「升職加薪」—「上司的主觀評價決定了我的薪

水」—「確保工作表現好，也要確保上司對我有好評價」

第一反應	為什麼？	第二層思考
努力工作 表現良好 自我提升 完成專案	產生價值 得到信任	同時有紀律和有能力， 能得到最大的信任
	為什麼？	客戶覺得有價值， 比我覺得有價值更重要
	公司要為客戶創造價值 公司要為社會創造價值 公司不喜歡風險 上司的主觀評價決定了 我的薪水	因為厭惡風險，所以重大 的改革往往不受採納， 保守漸進的進步更好
		幫助公司獲得絕對優勢， 超越同行水準的成績， 比做好本分更能達到目標
	為什麼？	確保工作表現良好之外， 也應想辦法確保上司對我 有良好的評價
	公司有生存的本能 公司有要壯大的本能 公司要適應叢林法則 （優勝劣汰） 上司是人， 而人就是難免主觀	**升職加薪**

圖 C：從深度思考開始審視目標。

5. 拿出另一張紙，重複前面 1～2 的步驟，這次我們用
   多元思考審視目標的實現途徑。

6. 在中間的劃線位置，按照下圖寫下小標題，然後再將練習 2 的內容填進去。這裡我們以行銷人員爲例子。

7. 將目標與中間的素材進行聯想，在右方寫下你的第二層思考。

例如：「升職加薪」—「金融學」—「利用金融學的風險對沖思路，制定出一個雙管齊下的行銷策略」

第一反應	核心專業	第二層思考
努力工作 表現良好 自我提升 完成專案	行銷	從神經科學的角度，研究一個概念如何被保存在大腦裡
	近學科 認知科學 藝術 心理學 經濟學 神經科學 資訊科學 商管	從資訊科學的角度，研究怎樣將複雜的資訊，簡化成小巧、容易解讀的資訊 如果行銷是物理學的話，那會有什麼定律是放諸四海皆準的？ 金融學裡應對不確定性的知識，能怎樣幫助行銷應對不確定性？
	遠學科 物理學 哲學 電腦科學 金融學	**升職加薪**

圖 D：用多元思考審視目標的實現途徑。

8. 拿出另一張紙，重複前面1～2的步驟，這次我們用換位思考來審視目標的實現途徑。

9. 在中間的劃線位置，按照下圖寫下小標題，並填上你與你目標相關的成功案例，以及能左右你目標的關鍵人物。

10. 將目標與中間的素材進行聯想，在右方寫下你的第二層思考。

例如：「升職加薪」—「上司／高層」—「公司裡的高層之共同點，可能就是升職加薪的必要條件」

第一反應	成功案例	第二層思考
努力工作	朋友	上司 A 和上司 B 的共同點是被受信任，
表現良好	上司	上司 A 是透過社交親和力獲得信任，
自我提升	人物傳記	上司 B 是透過專業能力獲得信任。
完成專案		
	關鍵人物	朋友在他的公司當上高階主管，他和某成功人士的共同點是有創見。
	老闆	模擬體驗……假裝自己是顧客，撥打電話給對手的公司，覺察自己的感受。
	上司	
	同事小強	我對同事小強很熟悉，我認爲他對我很信任、很支持。
	客戶	
		升職加薪

圖 E：透過換位思考審視目標。

11. 拿出另一張紙，重複前面 1 ～ 2 的步驟，這次我們用
　　創意／修煉思考來審視目標的實現途徑。

12. 在中間的劃線位置，寫下「新知」，並將你近期學到的有
　　趣新知填在下方。

13. 將目標與中間的素材進行聯想，在右方寫下你的第二層
　　思考。

　　例如：「升職加薪」—「磚頭能堆成塔」—「有一種行為在
　　堆疊累積起來後，能讓人刮目相看」

第一反應	新知	第二層思考
努力工作	沉沒的成本	專案需要重來一次的時候， 無論進展到什麼程度， 都應該儘快重來一次。
表現良好	磚頭塔	
自我提升	詩句	什麼樣的行為堆疊、累積起來後， 能變成一座雄偉的塔？
完成專案目	西遊記	這個詩句是怎麼把大量的資訊， 濃縮成短短幾個句子？
		這世上有四種員工， 一種像孫悟空一樣有能力， 一種像豬八戒一樣得過且過， 一種像沙僧一樣任勞任怨， 一種像白馬一樣被人遺忘。
		升職加薪

圖 F：用創意／修煉思考來審視目標的實現途徑。

第二層思考

（目標）

第一反應

延伸閱讀

第一章

1. 葛文德:《清單革命:不犯錯的祕密武器》(天下文化,2018)
   葛文德是美國著名外科醫生,他在此書闡述了一紙清單如何讓各界菁英人士(包括醫生、建築師、飛機師)大幅減少犯錯。

2. 陽志平:〈納博科夫的卡片〉(https://mp.weixin.qq.com/s?__biz=MzA3MzM0MjUyMQ==&mid=2652149511&idx=1&sn=78f52b45bcf57300cf316b0928085c0a&scene=19#wechat_redirect)
   陽志平先生是我非常敬佩的人,在思考、認知科學、心理學的課題上啟發了我許多。這一篇文章是書中提到的「聯想卡片」之原型。他的其他文章也很推薦你閱讀。

3. 楊大輝:《深度學習的技術:2 週掌握高效學習,立即應用》(遠流,2019)
   我寫的關於「如何學習」的全套方法。書中提到,學習是增進思考的主要路徑之一,而本書的一個關鍵思想是,思考是學得好的主要路徑之一。

第二章

4. 史蒂文‧強森:《創意從何而來:讓好點子源源不絕的 7 大模式》
   (大塊文化,2011)

   強森是我最喜愛的科普作家,這本書他以詳實的史料闡述創意如
   何而來,給了本書創意思考的內容很多啟發。此書能讓你對創意
   思考有更全面的認識。

   另外,書中關於達爾文提出演化論的過程事蹟,亦出自此書。

5. 提姆‧哈福特:《不整理的人生魔法 亂有道理的!》(天下文
   化,2017)

   一本書名和內容不般配的好書。哈福特認為,「混亂隨機」這一因
   素往往能帶來創新突破,是本書中關於聯想的創新策略之靈感來
   源。

第三章

6. 麗莎‧費德曼‧巴瑞特:《情緒跟你以為的不一樣——科學證
   據揭露喜怒哀樂如何生成》(商周出版,2020)

   巴瑞特是情緒粒度的提出者,此書內容是本課「換位知識派」的主
   要科學依據,書中提到的科學實驗在此書都有提及。此書能加
   深、衝擊你對情緒的所有認識。有點難讀,但強烈推薦。

7. 楊大輝:〈你的身體如何影響了你的「思考」?〉(https://4think.net/%
   E4%BD%A0%E7%9A%84%E8%BA%AB%E9%AB%94%E5%A6%82%E4%B

D%95%E5%BD%B1%E9%9F%BF%E4%BA%86%E4%BD%A0%E7%9A%84

%E3%80%8C%E6%80%9D%E8%80%83%E3%80%8D%EF%BC%9F/)

我在說書部落格 4THINK 寫的，關於具身認知的文章。

第四章

8. 丹尼爾・康納曼：《快思慢想》（天下文化，2018）

   經典心理學著作，對本書提到的雙重加工理論有很完整、深入的
   解說。

9. 基思・斯坦諾維奇（繁：史坦諾維奇）:《機器人叛亂》（簡）
   （機械工業出版社，2015）

   斯坦諾維奇進一步將「雙重加工理論」發展為「三重加工理論」，其
   中提到的反省心智，奠基了本書對獨立思考的定義。

10. 艾倫・南格：《用心，讓你看見問題核心：跨過分類思考、自動
    行為、單一觀點的局限思路》艾倫·南格，（木馬文化，2013）

    南格從正向心理學出發，探討了用心（有意識的使用系統二）能
    帶來的各種益處。

第五章

11. 查理・蒙格：《窮查理的普通常識：巴菲特50年智慧合夥人查
    理・蒙格的人生哲學》（商業周刊，2011）

    本課的多元思考，就出自於蒙格在書中提出的多元思維模型。

12. 梅拉妮 · 米歇爾：《複雜》（簡）（湖南科學技術出版，2011）
    複雜科學的科普書，很有趣也很好讀，能讓你更深入的理解多元
    思考的必要性。

13. 史坦諾維奇：《這才是心理學！》（遠流，2018）
    此書清楚講解了如何辨別偽科學，什麼才是真科學，為什麼佛洛
    伊德的精神分析心理學並不科學等等。強力推薦。

14. 陳嘉映：《哲學的追問，科學的革命：用通俗語言寫給現代人的思
    想常識入門課》（大寫出版，2019）
    科學哲學的佳作，在同類書籍中算是較容易讀，也更適合我們東
    方人閱讀。

國家圖書館出版品預行編目 (CIP) 資料

深度思考的技術 / 楊大輝著 . -- 初版 . -- 臺北市：
遠流出版事業股份有限公司 , 2023.09
面；　公分
ISBN 978-626-361-235-8(平裝)
1.CST: 思維方法 2.CST: 成功法
176.4　　112014425

深度思考的技術

**最受歡迎的百萬思考課，
養成不被時代淘汰的 5 大思考力！**

作者	楊大輝
執行編輯	顏妤安
行銷企劃	劉妍伶
封面設計	陳文德
版面構成	賴姵伶
發行人	王榮文
出版發行	遠流出版事業股份有限公司
地址	臺北市中山北路一段 11 號 13 樓
客服電話	02-2571-0297
傳真	02-2571-0197
郵撥	0189456-1
著作權顧問	蕭雄淋律師

2023 年 9 月 30 日　初版一刷

2024 年 2 月 10 日　初版二刷

定價新台幣 350

有著作權・侵害必究 Printed in Taiwan

ISBN　978-626-361-235-8

遠流博識網 http://www.ylib.com

E-mail: ylib@ylib.com

（如有缺頁或破損，請寄回更換）